0.5秒治好緊張體質

たった0.5秒で緊張をとるコツ

雙腳張開、手舉高、抬頭深呼吸

45個輕鬆克服｜簡報、面談、會議時，雙腿發抖、手心冒汗的祕訣

伊勢田幸永 Iseda Yukie／著　莊雅琇／譯

擺脫緊張的方法

明天要簡報……。
要站在那麼多人面前，真緊張啊。
平時跟陌生人說話，我也會很緊張……。
簡報做得還順利吧？
我已經做好萬全的準備了，可是我現在好緊張，擔心會不會出錯。
會緊張是很正常的。
只要知道怎麼緩解緊張就好了。
什麼？有方法嗎！快教我!!
不要想的太難，你先試著喊一聲：「萬歲。」
萬、萬歲……。
咦？感覺好像不錯。
萬—歲！
竟然冷靜下來了。
感覺我可以輕輕鬆鬆在大家面前說話了！

前言

面對群眾或一對一，都再也不害怕！

接下來要輪到我了！

剛才還很鎮定，愈逼近上場時刻，就突然緊張起來！該怎麼辦……？

你是不是有過類似的經驗呢？

即將上台發表的那一刻，腦筋變得一片空白。結束後，根本想不起來自己到底說了什麼……。

即使身邊的人安慰自己：「你當時很緊張吧。」「沒關係啦，每個人都這樣。」你還是恨不得想找個地洞鑽進去。

不過，請不用擔心！不擅長面對人群的不是只有你一個，而是非常多。

你遇到什麼情況會緊張呢？

請從下列情境，找出自己最感到棘手的場合。

請確認你的「緊張體質程度」

- □ 一對一談話。
- □ 在大庭廣衆面前說話。
- □ 與人說話時看著對方的臉。
- □ 自然融入一群陌生人的談話中。
- □ 表達自己的感受。
- □ 受到別人誇獎或被要求發表意見時。
- □ 看到對方在和自己說話時的表情。
- □ 必須要中途離席時。
- □ 在某個特定人物面前時。
- □ 當對方反問自己時。
- □ 使用肢體語言表現時。

以下情況，請問你符合幾項呢？

- 面對人群時，心跳加速，臉和手、腋下等身體各處直冒汗。
- 不只臉漲紅，手腳還發抖。
- 面對陌生人和異性時，說話會結結巴巴，或是說不出話來。
- 遇到演講或簡報等場合時，會擠不出半句話，或者說話速度變快。
- 會一直想上廁所，總覺得口乾舌燥。

可想而知，會拿起這本書來看的讀者，或多或少都遇過以上的情況。

根據一項以全日本二十歲以上的男女爲對象的網路調查顯示，超過全體八〇%的人回答說「自己很容易緊張」。換句話說，有一大半的人有「緊張症狀」（出自朝日集團控股公司「Happy研究所」（アサヒグループホールディング

「ハピ研」〕)。

本書以我至今接觸過兩萬多人的行爲模式所導出的理論爲基礎，希望任何人都能運用簡單的方法，在面對群衆或一對一的面對陌生人、異性時不再緊張，成爲在待人接物上落落大方的人。

我心目中「待人接物落落大方的人」，是指能在人生重大場合裡完美發揮的人，也可以說是「上場一條龍的人」。

話雖如此，因爲工作的關係，我在別人面前都說「我不會緊張」，但事實上，我有嚴重的「緊張症狀」。

不過，我有一次不經意做了某個動作，發覺它可以緩解緊張。

那個動作就是「舒緩僵硬的身體關節」。

各位或許很納悶，那是什麼樣的動作呢？

一般常說，心態一旦改變，行爲舉止會跟著改變；但是稍微改變一下動作，也能改變原本的心態。

這種由行爲舉止改變心態的方法，稱爲行爲心理學。

要改變根深蒂固的負面想法非常難，但是各位不覺得改變行爲舉止比較容易嗎？

「緊張」本來就是一種自然的情緒，它本身並不是一件壞事。即使是贏得奧運獎牌那樣的選手，也幾乎沒有人在比賽期間完全不緊張。若發生因爲緊張而失去自信，無法發揮原有實力的事，是最令人遺憾的。

我曾在大學擔任學生求職活動的講師，以形象顧問的身分提供建議，讓學生得以充分展現自己的魅力。

然而，不少人明明實力不錯，卻在正式面試時太過緊張，無法表現自己的魅力與想法，結果未能錄用，實在很可惜。

我非常肯定一件事，想要在正式上場時充分發揮自己的實力，首要之務就是讓自己放輕鬆。

基於這一點，再根據自己過往的經歷，我運用了從行爲改變心態的行爲心理學，構思了一套伊勢田流姿勢溝通法。

事實上，這套溝通工具除了能讓自己放鬆之外，也能在別人緊張時幫他放鬆心情。

只需改變一個動作或行爲，就能不可思議地緩解緊張，泰然自若地與人溝通。

不要等到明天才開始，就從今天做起，相信會在演講、簡報、會議、待客、洽商、面試、比賽、求職活動、相親、聯誼、婚喪喜慶、家長會等各種場合，以及人際關係方面感受到這套方法的效果。

希望自己變得更好，不需要想得太複雜，不妨從本書挑一個動作，試著改變看看吧？

但願有更多人閱讀本書之後，得以盡情展現原本的自己，進而與人「輕鬆」「愉快」地溝通，使人生變得更加多采多姿。

目錄

Part 2

克服一籌莫展的危機

Part 3
說話不緊張的超簡單方法～大庭廣衆篇～

Part 4 說話不緊張的超簡單方法～一對一篇～

Part 5 擊退引發緊張的不安與軟弱

Part 6 徹底改變緊張體質

Part 1

你為什麼會緊張？

1.

「力求表現」的想法會引起緊張

是你讓自己緊張！

■ 為什麼在特定人物面前就會緊張？

與家人或親近的朋友說話時，應該很少人會緊張。

不過，說話的對象換成重要客戶或是心儀公司的面試官，情況又是如何？

「要是不好好應對，可能無法留下好印象。」……結果愈想愈緊張，想說的話也說不出來，甚至說了不該說的話而以失敗收場……。

平時可以和家人、朋友自然交談，爲什麼換成別人就這麼困難呢？

那是因爲「力求表現」的心態太強烈所造成。希望別人高度肯定自己、希望給人留下良好印象，於是在不知不覺間繃緊神經，因此引發緊張情緒，無法保持平常心。

你的一念之間就能大幅改變情況

換句話說，不是因爲面對難以伺候的客戶或一臉嚴肅的面試官才感到緊張，是希望自己表現得比平時更出色而引發緊張情緒。

既然如此，想必各位也知道如何解決了。雖然不可能改變對象，但是你可以憑一念之間改變自己。

過去面對重要場合時，有沒有人對你說「肩膀放輕鬆」呢？

我們常在電視上看到，教練會在選手即將比賽時對他說這句話，並且拍拍他的雙肩送他上場。

重點並不是因為緊張而使肩膀繃緊，是肩膀繃緊了才會使人緊張。

因此，最有效的方法就是放鬆肩膀。

覺得自己在公司裡、求職活動、相親聯誼、家長會等場合感到緊張時，先聳起肩膀用力繃緊，再一下子放下來。這樣做自然能讓肩膀放輕鬆。反覆做二至三次後，應該會覺得肩膀周圍輕鬆許多，內心也會冷靜下來。

「咦，就這麼簡單喔？」各位也許很驚訝，但就當自己是被騙了，請務必試一試，想必會發現不一樣的自己。

Check!

□ 首先試著放鬆肩膀。

不是別人讓你緊張，是你讓自己緊張！

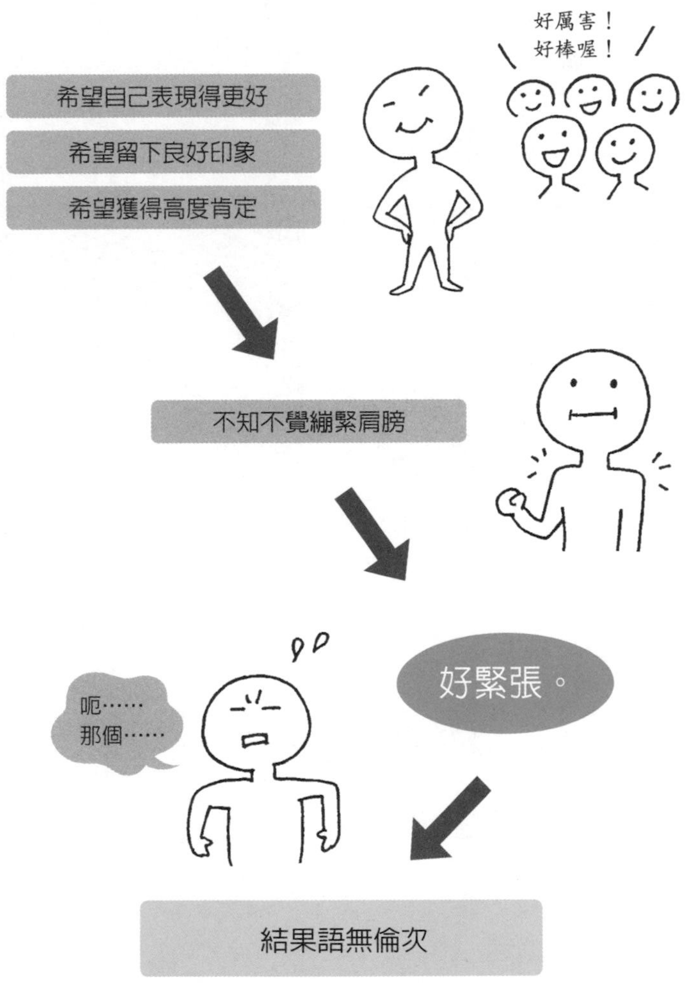
好厲害！
好棒喔！
希望自己表現得更好
希望留下良好印象
希望獲得高度肯定
不知不覺繃緊肩膀
呃……
那個……
好緊張。
結果語無倫次

2.

做了容易緊張的動作會更緊張

封閉的動作會引起緊張，張開的動作會緩解緊張。

■ 不知不覺埋下緊張的種子

容易緊張的人，會在不知不覺間做出引起緊張的舉動。

「沒有啊，我沒有那樣做。我通常會提醒自己放輕鬆，對自己說：『不要緊張、不要緊張。』可是都沒用。」

以上是不少人的說詞。

我能理解這種心情，但遺憾的是，念念有詞說「不要緊張、不要緊張」，等於告訴自己「我會緊張、我會緊張」，反而弄巧成拙。對自己說「放輕鬆、放輕鬆」也是一樣。

不管說些什麼內容，**念念有詞就是會引起緊張**。因爲不停複誦同一句話時，大多會使人的肩膀愈收愈緊，變成低頭縮成一團的姿勢。這就是把自己封閉起來的動作。**當身體採取封閉的姿勢，全神貫注在自己身上時，身體就會變得僵硬，導致緊張升溫**。

此外，等待上場時，常見到有人會雙手握拳放在膝上，稍微低著頭靜靜坐著。這麼做是希望自己冷靜下來，可是這種姿勢同樣是把身體封閉起來，會讓自己愈來愈緊張。

「萬歲」的動作可以消除緊張

由此可知，愈容易緊張的人，通常會在不知不覺間做出容易引起緊張的舉動與姿勢。**請提醒自己，想要擺脫緊張，就要讓身體做些張開的動作。**

我最推薦的動作是「萬歲」。不好意思當著別人的面前做時，請在廁所等處試試看。**張開雙手，伸直手臂，做十秒或二十秒。**

各位覺得如何呢？是不是發現嘴角不知不覺上揚，露出笑容呢？

一般來說，開心喜悅的時候會做「萬歲」的動作。因此，不管當下心情如何，只要做出「萬歲」的動作，就能讓大腦產生誤解：「原來現在很開心呀！」心情因此變得愉快，表情也自然而然柔和許多。

沒有人在做「萬歲」的動作時，還會感到煩躁或臭著一張臉。

做這項動作的時候，應該讓自己忘記緊張。**盡情張開身體做「萬歲」，可說是讓緊張消散的最強大動作。**

Check!

☐ 張開身體自然能撫平緊張情緒。

不可以採取封閉的動作！提醒自己做些張開的動作。

✕

念念有詞「不要緊張」
或「放輕鬆」。

低頭靜靜坐著。

○

雙手張開，
做「萬歲」的動作。

抬起臉。

3. 容易緊張的人有共同的特徵

自我意識過剩的人愈容易緊張!?

■自己把自己逼到絕境的人

事實上，容易緊張的人都有共同的特徵。任何人都會緊張，但是一般來說，太過在意別人眼光的人、負面思考的人、完美主義者、死心眼的人最容易緊張。

太過在意別人眼光的人，想要完美展現自己的欲望比誰都強，也就是所謂的「好勝心」。「一旦失敗就會沒面子」的想法太強烈，於是在不知不覺間繃緊神經，讓自己陷入緊張狀態。

負面思考的人，會逕自往壞的方面想，不斷逼迫自己。例如「對方會不會覺得我說話很無趣啊？」「我說這些會不會被取笑啊？」等等。

此外，完美主義者也容易因爲自我意識過剩而自討沒趣。最常見的情況就是在研討會等場合說錯話、語無倫次。這時候只要當場修正「啊，我弄錯了」就沒事了，可是完美主義者不容許出一丁點差錯，結果讓自己更慌亂。

不過，請稍微冷靜下來想一想。你又不是超級名人，對方並不會豎起耳朵聽你的每一字一句。即使出了一點錯，絕大多數人根本不會發現。

緊張是身體的防禦機制

這些人的共同點，就是給自己龐大壓力，一定要做到最好，絕對不能失敗。這種想法形成龐大壓力，導致身體緊繃而引發過度緊張。

一般而言，緊張是來自身體的防禦本能。面臨危機或感到壓力時，身體為了保護自己，就會進入嚴陣戒備的狀態。交感神經會在此時開始活絡，心跳加速，肌肉僵硬，呼吸也變得短促。這就是所謂的緊張狀態。

任何人都有過失敗經驗。只要學會展現原本的自己，就能對過往的失敗一笑置之。

Check!

□ 別人沒有你想像的那樣關注你、聽你說話。

不斷逼迫自己的人容易緊張。

↓

壓力會造成心理龐大負擔。

↓

為了逃避心理負擔或與它搏鬥，
身體會進入戰鬥模式。

心跳加速　身體僵硬　呼吸急促

↕

強烈緊張

4. 改變心態很難，但改變行為只需一瞬間

試著從行為改變心態！

■ 人心與行為是一體兩面

即使下定決心再也不要負面思考、改從正面的角度看待事情，即使希望神經質的自己想開一點，但是一個人的個性與思考習慣都沒那麼容易改變。你現在的心態，是長久以來受到過往經驗與環境等因素影響而成形。想要重新設定，當然需要花一段時間。

行爲則不同，只要有心，此時此刻就能著手改變。

人心與行爲是一體兩面。心態改變，行爲舉止就會改變；行爲舉止改

變，心態也會跟著改變。因此，與其努力改變心態，不覺得改善行爲舉止更容易嗎？根據這一點研究得出的理論就是行爲心理學。

例如「感到沮喪時會低著頭」，從行爲心理學的觀點來看，即等於「低著頭時會感到沮喪」。我們往往會思考，到底是先產生情緒還是先產生行爲？但是問題並不在此。

「沮喪」的情緒與「低著頭」的行爲，不過是一體兩面罷了。在這個例子中，因爲「低著頭會感到沮喪」，爲了擺脫沮喪，只要「抬起頭就好」。

只要改變行爲，心態就會跟著改變。總而言之，人心與行爲是一體的，所以「抬起頭來就不容易沮喪」。

運用行為心理學就能擺脫壓力

同樣的，想要消除緊張，不如採取可緩解緊張的行爲。也就是前面提到的放鬆肩膀、做萬歲動作等例子。

根據行爲心理學的觀點，我認爲消除緊張的最有效行爲是以下四種。

①身體張開。

②手臂舉高。

③頭往上看。

④做深呼吸。

以這些動作爲基本，舒緩緊繃的身體，撫平緊張的情緒。

提到行爲心理學，一般人或許會把它想得很艱深，但實際上只需稍微改變行爲舉止，並不會造成心理上的負擔。任何人都能藉此擺脫壓力。

Check!

□ 人心與行為息息相關，彼此互相影響。

改變行為是最不花錢又有效的消除壓力方法！

改變心態 ➔ 費時又花錢

修行。

參加研討會等課程。

讀遍自我啓發的書。

改變行為 ➔ 只需下定決心！

Part 1 總結
運用行為心理學讓自己不再緊張的訣竅

Point 1　了解造成緊張的原因。

一手種下緊張的種子並讓它變成龐然大物的，就是你自己。

Point 2　不要自我意識過剩。

要求自己「絕對不能失敗」而給自己太多壓力，就會引發緊張。

Point 3　了解擺脫緊張的行為舉止。

有些動作可以緩解引發緊張的行爲。只要改變行爲，心態就會跟著改變。

Point 4　現在立刻實行。

不做的話，什麼也無法改變。從現在起先試著持續三週。

Part 2

克服一籌莫展的危機

5. 心跳加速時把掌心朝上

深呼吸，可讓你放輕鬆。

■每個人都會緊張

下一個輪到我講話了！一想到這個，心臟就不停怦怦跳。啊啊，怎麼辦……？

應該不少人有過這類經驗吧？

其實我也有。我現在當然已經習慣了，以前可是拚命裝作不緊張的樣子。

任何人在別人面前說話都會緊張，差別僅在於程度不同而已。

話雖如此，在心跳加速的情況下開始說話，可想而知會以失敗收場。接下來爲各位介紹能在這種時候立即見效的緩解緊張神奇訣竅。

也就是**把掌心朝上**。或許有人會因爲太簡單而大感意外，但是這一招十分有用。

掌心朝上，**身體自然會張開，呼吸跟著變深。當呼吸變深，身體自然而然會放鬆，感到一陣舒暢**。

這時候**將手舉到臉部的位置，會使人感到更放鬆**。如果覺得舉高雙手很彆扭，只舉一隻手也行。不妨在這種場合做出舉手說「嗨」的舉動，把掌心朝向對方。

■掌心朝著對方，可讓心態變得正面積極

緊張的時候，絕大多數人會垂下手臂，掌心朝著自己或是握拳。因此，刻意做出相反的動作，就能撫平緊張情緒。

實際上試著將手掌朝上或朝向對方，是不是覺得心情輕鬆了一點？

這不是心理作用，這項舉動在心理學上與「自我揭露」（Self-Disclosure）有關。

所謂的自我揭露，指的是向對方敞開心扉，展現原本的自己。換句話說，力求表現的欲望會消失，心態轉爲踏實積極。

快輪到自己而開始心跳加速時，請把掌心朝上，光是如此就能讓自己集中注意力。一開始就做這項動作的話，可一直維持在放鬆的狀態。

張開手掌可讓心態變得正面積極。

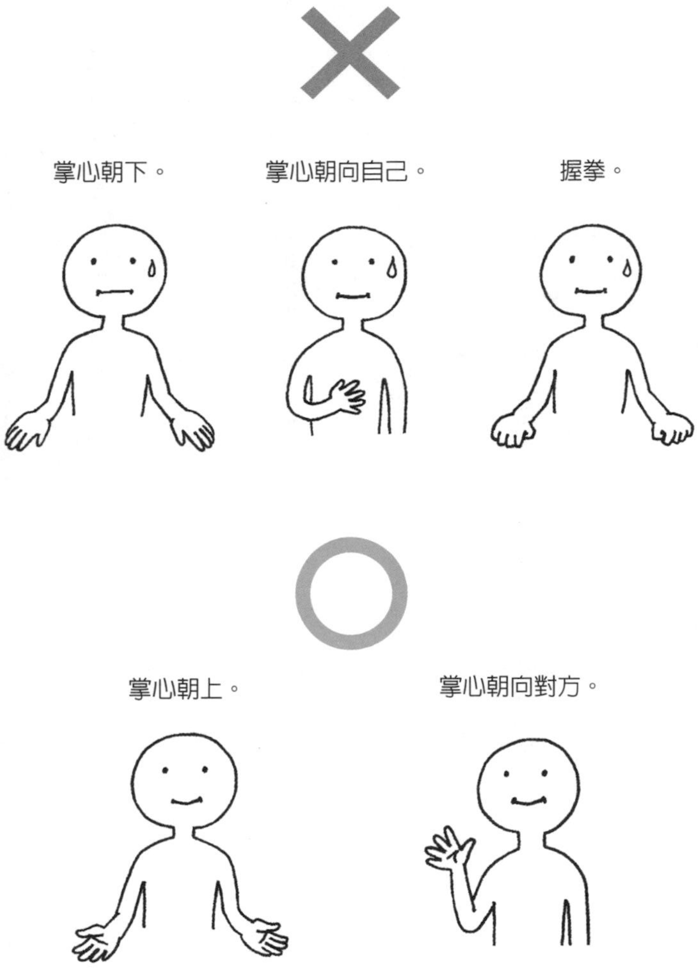
掌心朝下。
掌心朝向自己。
握拳。
掌心朝上。
掌心朝向對方。

6. 腿抖個不停時，要放鬆膝蓋

穩住下半身，就能平穩心情。

■ 下半身與緊張的密切關連

緊張時，身體會緊繃，手腳的關節也會變得僵硬。在一群人面前說話或者像機器人一樣僵硬地站上講台，就是這個緣故。

我最近甚至覺得乾脆豁出去吧，「假裝跌一跤就能逗聽眾大笑」（笑）。如果能這麼想，自然不會那麼緊張。話雖如此，一般人還是不太容易如此放開。

像是身體搖搖晃晃猶如漫步雲端無所依靠的樣子；站上講台時，雙腿也會不聽使喚地發抖。

在這種情況下，請略微張開雙腿，腳尖朝外，稍稍放鬆膝蓋。如此一來，就能穩住下半身，腳掌也會踏實地站穩地面，逐漸緩解緊張。

下半身穩定與否與緊張的情緒息息相關，最重要的是扎扎實實站穩。

就這一點來看，閉緊膝蓋直立不動是不好的姿勢。這樣容易使下半身搖搖晃晃，增加緊張感。

不必在意禮儀

也許有人會覺得：「女生把腿張開，成何體統？」不過，如果只考慮到希望自己不要緊張，這時候請不必在意禮儀。

消除緊張時，最基本的就是把身體張開。就禮儀來說，則是以封閉靜止的動作爲主。換句話說，兩者的動作完全相反。

請在不緊張的時候，遵守禮儀展現優雅的舉止。

我有幸到國外演講好幾次，也曾穿過和服上台。回國後看到相片，赫然發現每一張相片裡的我都是張開雙腿！不禁顯露平時的習慣。

穿西式服裝倒是不成問題，但是穿和服就難看了。我也被和服的著裝老師罵了一頓。我因此下定決心，再也不穿和服了。不過，多虧平時的習慣，讓我不會緊張。

當你緊張的時候，請不必在意禮儀，試著做做看。

原本慌亂的心應該會一下子冷靜下來。

Check!

☐ 緊張的時候不必顧慮禮儀。

雙腿發抖時，提醒自己穩住下半身。

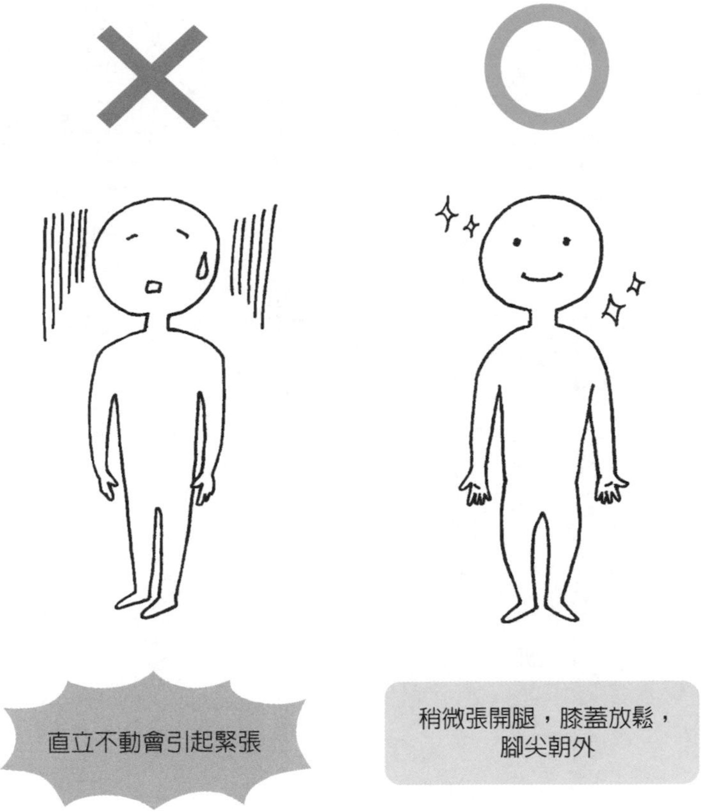
×
○
直立不動會引起緊張
稍微張開腿，膝蓋放鬆，
腳尖朝外

7.

手抖個不停時，隨便拿東西抓著

如果抓著自己能感到安心，這樣做也無妨。

■ 兩手空空時，就會感到不安

緊張到極點時，不只腿會發抖，手也會抖個不停。其中也有人是整個身體都在抖。應該有不少人想知道怎麼解決這個困擾吧？

人若是兩手空空，就會感到不安。因爲手就是用來抓東西的，兩手空空自然會覺得不對勁。因此，手發抖時，請抓著一枝筆、一條手帕或是雷射筆等任何東西。

如果手裡抓著東西還是止不住發抖，甚至覺得自己緊張過度、快要昏倒，可試著雙手交叉互抓自己的手臂或手肘，幫助自己冷靜下來。

這項舉動稱為「自我親密行為」（Self-intimacy）或「自我接觸」，目的是藉著碰觸自己，緩解緊張的情緒。

就像嬰兒常常吸吮手指或是舔自己的手腳。便是藉這樣的舉動確認自己的存在，獲取安全感。

此外，小時候感到不安時，只要有人抱抱自己、摸摸自己的頭說「好乖好乖」，就會放下心來。相信每個人都有這樣的經驗。

但是長大成人後，不可能再像小時候那樣吸吮手指，也沒有人會來摸摸自己的頭。於是改為自己撫摸自己，藉此獲得安全感。

■只要能讓自己安心，任何舉動都ＯＫ

從行為心理學的觀點來看，緊緊環抱自己的姿勢代表難以親近，所以並不推薦；但是如果陷入極度緊張而不知所措的情況時，這樣的姿勢能安撫自己，但做無妨。

不管理論怎麼說，最重要的是能讓你冷靜下來。

除此之外，也有人覺得雙手在接近心臟的位置互握能讓自己安心。雙手互握可減輕手發抖的情況，再加上腋下張開的關係，也能舒緩肩膀到手臂一帶的緊繃肌肉。這項舉動確實很合理。

如果自有一套能讓自己安心的招牌動作，請務必善加運用。不過，**握拳環抱雙臂的動作會顯得太強勢**，最好能免則免。

這種環抱動作代表自我防禦，流露出不希望對方再靠近自己的訊息。對方看到自己擺出這樣的動作，會覺得遭到拒絕而不高興。如果要環抱手臂，不妨張開手掌抓住自己的手臂。

Check!

☐ 找出能讓自己安心的「招牌動作」。

手裡抓著東西就能消除不安，也能讓手不再發抖。

手裡拿著筆或手帕、雷射筆。

自己抓住自己的手臂或手肘。

雙手在接近心臟的位置互握。

找出自己的招牌動作。
但是不可以讓對方感到不快。

8. 聲音抖個不停時，把下巴往前伸

可輕鬆發出聲音，令人感到落落大方。

■ 抬高下巴，自然能輕鬆發聲

緊張時，聲音會發抖，說話時像堵住似的說不出話來。主要是因爲振動聲帶的肌肉僵硬引起痙攣。

聲音是透過呼吸振動聲帶而發聲，因此，每個人的聲音或多或少都會有點抖。當自己覺得聲音有些顫抖，實際上別人並不以爲意，只會認爲你的聲音本來就是如此。

然而，當事者卻十分在意，愈不希望聲音發抖，愈讓自己更緊張，導致聲音變了調，因而感到沮喪：「我再也不要在大家面前說話了。」

我能體會這種心情。

這時候，請把下巴往前伸，抬高一點。感覺像是在看聽講者的頭頂。這麼做可以讓氣管通順，更容易發出聲音，且能自然而然發出高亢圓潤的嗓音，根本不必刻意制止聲音發抖或放大音量。

請實際試試看，照平常維持正面角度時發出來的聲音，以及稍微抬高下巴時發出來的聲音有什麼不一樣。應該會發現後者的音調明顯上揚，更容易發聲。

我也推薦平時音量不大的人嘗試這種方式。說話音量太小，對方也會聽不清楚你想傳達的內容。這樣實在太可惜了。

須留意下巴的角度

只不過稍微改變下巴的角度，就能改變音調，讓別人對你大幅改觀。不妨根據情況與對象，適當區別。

有一點希望各位留意，下巴不要抬得太高。就像「頤指氣使」這句話所說的，下巴往前伸的動作容易使人聯想到傲慢跋扈的態度。因此，往上抬一點就好。

同時把手肘稍微彎曲，張開腋下，並且抬頭挺胸，就會看起來充滿自信。我們常在成功的經營者身上看到這種姿態。

這樣的姿勢會給人積極爽朗的印象，請務必採用。

Check!

□ 只需稍微抬高下巴，聲音與外在形象就會充滿自信。

聲音發抖而不知所措時，把下巴稍微往前伸。

✕

努力拉開嗓門。

反而使聲音抖得更厲害，
甚至變調。

下巴抬高30度以上

看起來傲慢自大。

〇

下巴比平時抬高一點。

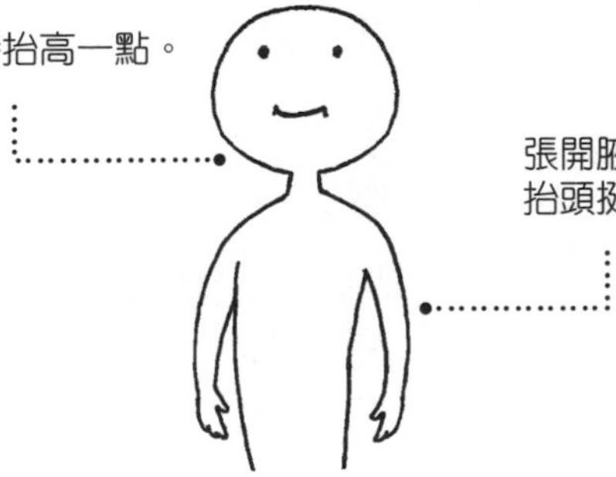

張開腋下，
抬頭挺胸。

聲音顯得圓潤，看起來充滿自信。

9. 腦筋空白時，動一動可以讓腦袋重新開機

邊走邊深呼吸，可讓自己想起該做的事情。

■ 重點是不要愣在當場

一站在大庭廣眾之下，就緊張得腦筋一片空白，一句話也說不出來。

我也曾經如此狼狽。明明研討會的主題是「得心應手的溝通技巧」，身爲講師的我卻腦筋一片空白，根本無法與聽眾溝通交流。

我完全不記得當時說了什麼。只覺得臉上無光，恨不得找個洞鑽進去。

解決這種尷尬場面的方法，就是先暫停演說，說聲：「不好意思。」並且喝一口水。總之，先讓自己冷靜下來。稍微緩一口氣，大致上都能讓心情

平穩。

此外，略微往上看，錯開一下視線也很有效。藉著讓自己活動一下，讓腦袋重新開機。

即使如此，還是無法從腦筋一片空白中回神的話，最重要的是不要愣在當場。不如立刻在台上走一走。

這時候盡量將手左右搖擺「橫著走」，就能馬上舒緩緊張。這動作也許有點怪，但是會讓心情在不知不覺間隨著律動變得愉快。

幾乎沒有人會在走路時感到緊張，所以緊張時走一走，心情自然能平靜下來。接著再張開腋下，深呼吸三次左右。因爲在腋下夾緊的狀態下呼吸會變淺，請一定要張開腋下。

深呼吸，確實可以舒緩緊張。

突然被點名而腦筋一片空白時

當自己是聽眾，突然被台上點名問道：「你有什麼看法呢？」腦筋也會在此刻變得一片空白。

這時候可以回答：「不好意思，我還在思考這個問題，等一下再回答你。」暫時撐過場面。

「那個……。」若是想要絞盡腦汁硬擠出答案，周遭的視線會紛紛集中過來，使自己心急得答不出來。結果導致新的失敗體驗，在心中留下陰影。

如果能在當下撐過場面，點名的人與其他聽眾便不會對你過度關注，自己也不必因爲丟臉而心情沮喪。

Check!

□ 最不可取的是愣在當場。

有效解決腦筋一片空白的方法。

在大庭廣眾下說話時

喝水。

錯開視線。

擺動雙手橫著走，
或是緩慢走走。

張開腋下，
深呼吸。

突然被點名時

先撐過場面就好！

10. 跳一跳可以立刻消除緊張

運動員也採用的速效法。

■ 跳躍可以放鬆膝蓋，緩解緊張

面對重要的演講或簡報、面試等場合，任何人都會緊張。適度的緊張可提高專注力；但是太過緊張便無法發揮原本的實力，這也是不爭的事實。

這時候不妨在上場前跳一跳。可以的話，請稍微蹦、蹦、蹦，跳三次左右。

爲什麼跳一跳很有效呢？因爲膝蓋一定會在著地時彎曲。人體在膝蓋彎曲時就會卸力而放鬆。

旁邊有人時，在廁所做也沒關係。跳一跳，就會很神奇的平靜下來。如果有人擔心跳躍時發出聲響或不願意跳躍，可晃一晃膝蓋，擺出跳躍的樣子。總而言之，最重要的是放鬆關節。

手肘也一樣要稍微彎曲。伸得直挺挺的容易使自己愈來愈緊張。基本上，手肘與膝蓋要時時保持放鬆。

跳躍時重心往下，也能有效消除緊張

觀察運動選手，會發現他們常在比賽前跳一跳。這麼做不但可以舒緩緊張，也能使因爲緊張而上移的重心往下移。

一般來說，身體的重心位於肚臍往下三根手指的「丹田」。處在放鬆狀態時，重心就位在此處。此時身體穩定，內心也維持平穩。但是緊張時，也就是情緒升溫陷入慌亂狀態的時候，重心就會一如升溫的情緒往上移。因此，脖子到肩膀、手臂會繃緊，腳步也會搖搖晃晃、膝蓋抖個不停。

除此之外，橫膈膜的肌肉也會變得僵硬而上升，壓迫到肺部，導致呼吸變短促。

想要舒緩緊張，最重要的就是將重心往下移，穩住下半身，並且深呼吸。最簡單的方法就是跳一跳。

Check!

☐ 讓重心回到原本的位置，就能穩住內心與身體。

想在瞬間消除緊張，就跳一跳。

膝蓋放鬆可舒緩全身緊繃的狀態。

重心往下可放鬆身體。

橫膈膜往下移，較容易深呼吸。

11. 握拳再張開的手部動作可擊退緊張

改善手腳的血液循環，就能發揮實力。

■鬆開緊握的手，可消除緊張

在面試或考試等場合坐著等待上場時，心情會愈來愈緊張吧。像這種情況，建議各位可以做做握拳、張開的手部伸展運動。

也許有人會想：「就這麼簡單嗎!?」處於緊張狀態時，手也會變得緊繃，不由得愈握愈緊。結果使緊張情緒升溫，陷入手部更加緊繃的惡性循環。因此，請先張開手掌。

平時做握拳、張開的手部伸展運動並不難，但是在極度緊張的狀態下，手指關節會僵硬得難以張開。因此，一開始要慢慢張開手，整個手掌都能張開後再握拳。

反覆做幾次後，血液循環會變佳，手部也會明顯變暖。這種動作也具有按摩的功效。我也常做。沒有按在穴位也沒關係，只需**摩擦、揉捏手部就好**。

腳部也是一樣，不妨讓腳趾一張一合或是讓腳跟一上一下活動。轉動腳踝也很有效。

藉著刺激手腳使其變暖，可緩解緊張。

考生需要多注意保暖

至於考生，我十分推薦使用**手握式暖暖包**。考試通常在寒冷的季節舉辦，**一旦緊張，血管就會收縮，使手腳變冷**。

請在兩邊的口袋裡放小小的手握式暖暖包，溫暖手部。沒有暖暖包時，也可以用手捧著溫暖的飲料。同時再做前面提到的腳部運動。提醒自己促進手腳的血液循環，就能避免因爲過度緊張而無法發揮實力的最糟情況。

還有一點，非常容易緊張過度的人，不可以喝任何冷飲。當身體受寒，交感神經與副交感神經就會失去平衡，使人容易緊張。不是只有寒冷的季節不可以喝，夏天也請喝溫熱飲品。

Check!

□ 緊張會使身體降溫，受寒會導致緊張。

光是溫熱手腳也能舒緩緊張。

將手握拳、張開。

摩擦、揉捏手部。

用手握式暖暖包取暖。

用溫熱的罐裝咖啡等
飲品溫暖手部。

腳趾一張一合。

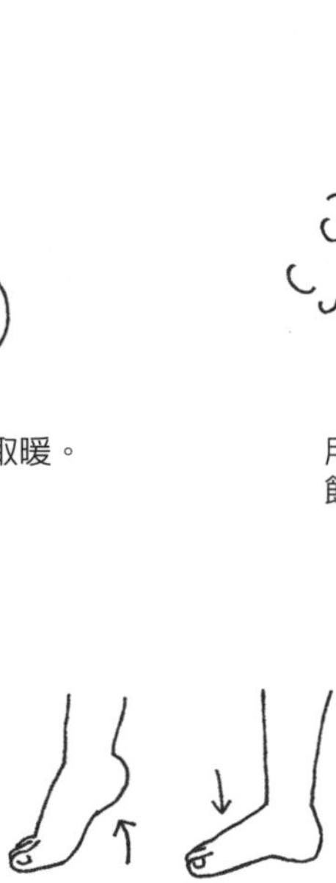

腳跟一上一下。

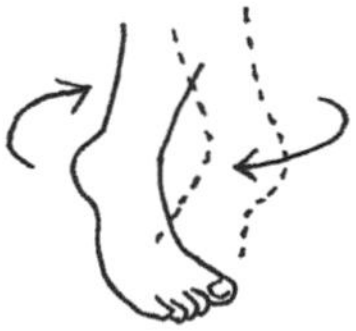

轉動腳踝。

Part 2 總結
如何用一個動作克服危機

Point 1 **心跳加速時。**

掌心朝上，可放鬆心情，擺脫緊張。

Point 2 **腿抖個不停時。**

兩腿微張，穩定下半身。女性大可不必在意禮儀！

Point 3 **手抖個不停時。**

隨便拿東西抓著。實在無法抑制顫抖時，也可以兩手交叉抓住自己。

Point 4 **聲音抖個不停時。**

下巴稍微往前伸、向上抬高一點，可讓氣管通順，自然發出圓潤的嗓音。

Part 3

說話不緊張的超簡單方法

～大庭廣衆篇～

12. 活動身體度過上場前的候場時間

活動一下，舒緩緊張情緒。

■ 安靜度過會讓緊張升溫

第二部分介紹了等待面試或考試開始前緊張升溫的處置方式，同樣的，如何度過上台演講或簡報前的候場時間也非常重要。這段期間究竟是愈來愈緊張或是能夠放輕鬆，將會影響上場時的表現。這麼說一點也不誇張。

規規矩矩靜坐等待，雖然舉止有禮，但是從消除緊張的觀點來看，卻是不可取。

尤其是握拳放在膝蓋上靜靜等待出場的姿勢，以及肩膀往內縮、雙手夾

在大腿中間的姿勢，絕對不要做。

握拳這項動作代表忍耐，持續太久會使血液循環變差，身體變得僵硬。縮著肩膀、大腿夾住雙手的動作也會使身體往內縮而緊繃。以上都是會讓自己陷入緊張的動作。

此外，容易緊張的人，會在臨上場前拚命盯著資料或草稿，想利用時間多記一些。也就是處在**只顧得到自己的狀態**。他的心裡只有一個念頭，不可以出錯、不可以說錯話。

正因爲心裡沒有一點緩衝的餘地，才會導致緊張。

■動一動可以擺脫緊張

不希望引發緊張的最佳方法，就是來回走一走。處在難以走動的環境時，不妨假裝去上廁所，趁機走一走。如前面提到的跳一跳、做做手部伸展運動、轉動腳踝也非常有效。

經常活動身體較不容易緊張。舉個特別的例子，習慣抖腳的人，不太會緊張。靜靜坐著，是最不可取的姿勢。

我踏上講台前都會跟身邊的人或承辦人員說話。對方不免替我擔心：「都準備好了嗎？」但是我知道這麼做可以讓我不緊張。

當然，前提是要做好充分準備。你也可以試著和身邊的人閒聊，或許可以轉移注意力，不那麼緊張。

若是能保持平常心面對演講或簡報，就能大幅減輕面對大庭廣眾的緊張。

Check!

□ 最重要的是不要讓緊張乘虛而入。

趁候場時妥善掌控緊張情緒。

✕　採取封閉的姿勢

念念有詞「不要緊張」或「放輕鬆」。

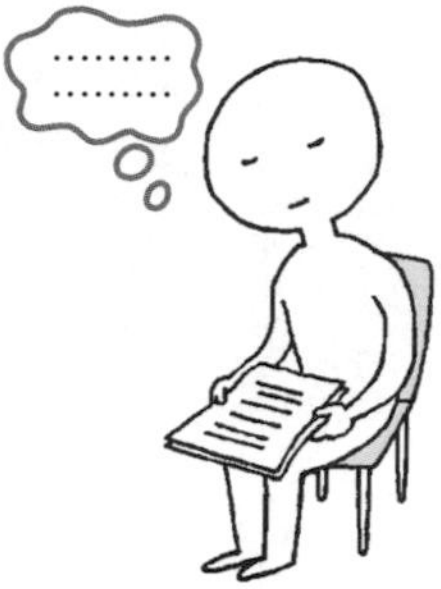

低頭靜靜坐著。

○　敞開心胸面對

假裝去廁所，趁機走一走。

和身邊的人閒聊。

13. 先了解什麼舉動可以抑制緊張

不管站著或坐著，腳都要張開。

■ 站立時稍微往前傾

你曾看過自己在演講或簡報時的姿勢是什麼樣子嗎？

說話時的姿勢非常重要。請試著把手負在背後以及垂手交握在身前，是不是覺得這兩種姿勢很難說出話來？

如上述採用身體封閉的姿勢，會使肩膀及背部變得緊綳，導致緊張升溫。既然如此，應該採用什麼樣的姿勢比較好呢？

站立時請像前面提到的，兩腳稍微張開，腳尖朝外，膝蓋微彎。手臂大約抬高至心窩的位置。

手拿著麥克風時，稍微張開一邊的腋下，用單手拿麥克風。有的人會腋下緊閉，雙手緊緊握著麥克風，但這是不好的舉動。請一定要張開腋下。

此外，身體往前傾十度左右，可放鬆腰部的骨頭與腹肌，讓腹肌較容易出力，也更容易發出聲音。此時的聲調也會變得圓潤。

照平常的樣子處在直立狀態時，說話的聲音會散掉，但只需稍微往前傾，聲音就會圓潤許多，對方也容易聽得清楚。這麼做會使語氣變得像是在攀談一樣。

和別人說重要的事情時，我們通常會把身體往前傾：「欸，你聽我說。」不少歌手也會將一隻手往前伸，身體前傾著唱歌。因爲這樣較容易發出聲音。聽眾也會感覺歌手是在對自己唱歌。

這種姿勢對於消除緊張十分有效，請務必試試看。

坐著時腿可以張開

對女性來說也許有失禮儀，不過，**坐著時請將膝蓋張開一個拳頭的寬度，腳尖也要朝外**。

因此，在這種情況下，服裝方面最好穿著長褲或長一點的喇叭裙。如果穿短裙，雙腳可以稍微前後交錯。

這種姿勢稱不上美，但是從消除緊張的觀點來看，則是最佳姿勢。等到習慣在別人面前說話、不再緊張時，再來講究美感。

可以將一隻手伸到講桌上，手掌朝上；用另一隻手拿著麥克風，並且張開腋下。

Check!

☐ 即使有失禮儀，仍是要以消除緊張為優先。

了解消除緊張的最佳姿勢。

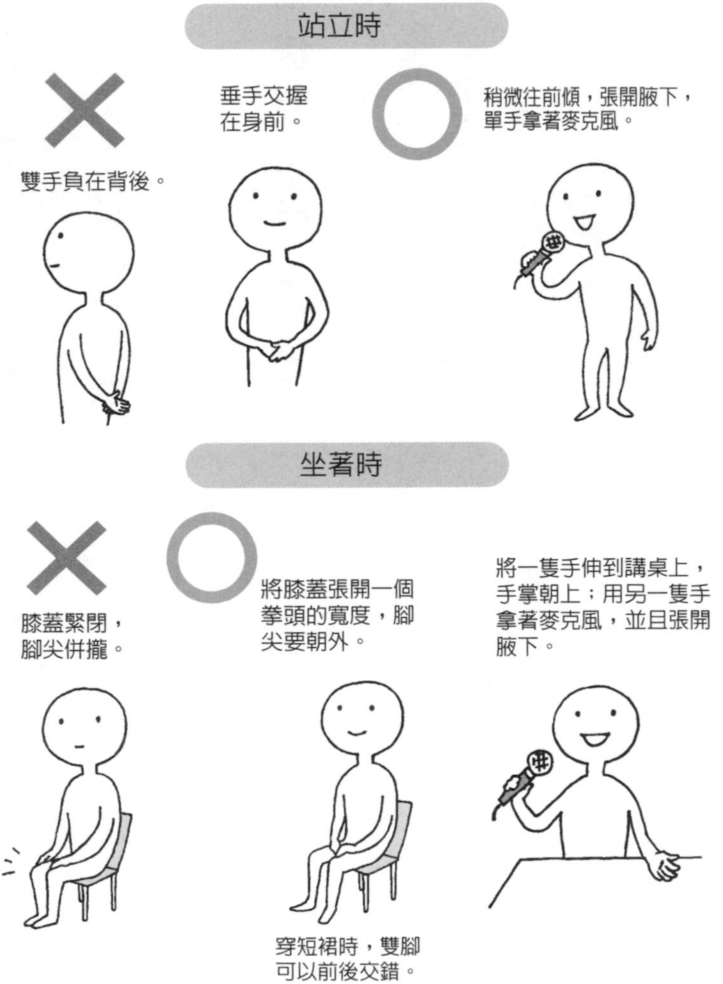
站立時
雙手負在背後。
垂手交握
在身前。
稍微往前傾，張開腋下，
單手拿著麥克風。
坐著時
膝蓋緊閉，
腳尖併攏。
將膝蓋張開一個
拳頭的寬度，腳
尖要朝外。
穿短裙時，雙腳
可以前後交錯。
將一隻手伸到講桌上，
手掌朝上；用另一隻手
拿著麥克風，並且張開
腋下。

14. 下巴稍微抬高，看起來像在笑

不要假笑，會使臉部變僵。

很難做出自然的笑容

如果可以笑容滿面、神情開朗的向聽眾說話，當然最好；但是一緊張的話，臉部表情難免會變得僵硬。這時候並不建議用假笑撐過場面。

因爲硬擠出假笑，會使臉部變僵。臉頰與眼皮會不由自主的抽動，雖然咧嘴笑著，眼睛卻沒有笑意……。

由於表情極爲不自然，看在別人眼裡也覺得渾身不對勁。

我建議的是下巴稍微抬高十五度到二十五度。做「萬歲」動作時，臉部會自然而然朝上、下巴也會抬高吧？這時候的角度就是十五度到二十五度。

下巴抬高時，嘴角會上揚，看起來像是在笑。相反的，下巴壓低時，嘴邊會形成陰影，嘴角看起來也像是下垂。

換句話說，這是利用眼睛的錯覺，讓自己看起來像在笑。這麼做也較容易發出聲音，實在一舉兩得。

檢查眼部肌肉是否衰退

我也有指導人們訓練表情肌，這不僅是爲了外在的觀感，也是爲了擁有眞正的燦爛笑容。指導過程中，我一定會要求講座的學生畫圖，例如笑臉、面無表情的臉、生氣的臉、哭泣的臉……。

接著請他們仔細觀察笑臉的圖。如果咧嘴笑著，但是眼睛沒半點情緒的話，就會令人毛骨悚然。

若是自然的笑臉，眼睛會瞇成細長的新月形狀，眼尾也會堆起皺紋。這才是所謂的「眞・笑臉」。

不過，我們很難刻意展現這種笑臉。原因是最近有不少人沉迷於手機與電腦，愈來愈少動用到眼睛周圍的肌肉，造成肌肉衰退，表情也不再生動。

你的情況又是如何呢？

來確認一下吧。

臉部朝正前方，舉起左、右任一手的食指，將手指移往旁邊。臉部維持不動，看著指尖。**視野能掃到一八〇度是正常的**。看不見的人，表示眼部肌肉衰退許多。

Check!

□ 嘴巴和眼睛同時呈現笑意，才是真正的笑臉。

展現自然笑容的重點。

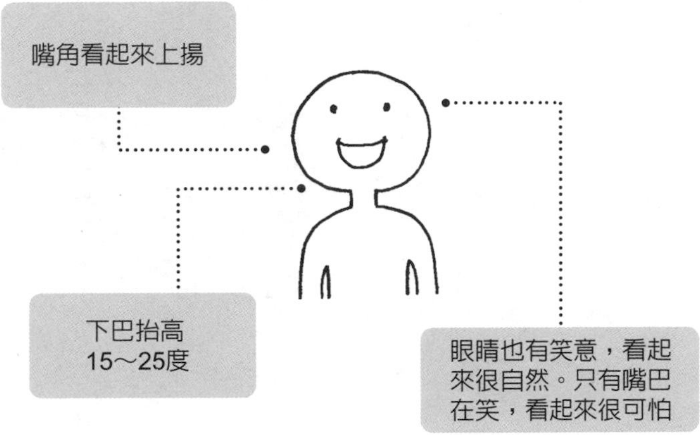
嘴角看起來上揚
下巴抬高
15～25度
眼睛也有笑意，看起來很自然。只有嘴巴在笑，看起來很可怕

測試視野的寬廣度，
確認眼部肌肉是否開始退化。

看得到！

視野能掃到180度是正常的。

15. 先決定開場模式

建立自己的一套模式就能感到安心。

順利撐過剛開始的三分鐘

在大庭廣眾面前說話，剛開始的三分鐘是決定成敗的關鍵。只要在這三分鐘裡照自己的步調撐過去，接下來就會輕鬆許多。因此，請先好好練習一開始要說哪些開場白。

終於來到上場當天。你站在講台上，手裡拿著麥克風。

這時候的重點是不要一上台就講話。還沒做好心理準備就說話，容易讓自己緊張。首先悠然環視台下聽衆，給自己緩衝的時間。不少人很怕這段時間，總之，先讓自己喘一口氣，冷靜下來才能好好說話。

接下來，基本上就照下列順序說話。寒暄問候、自我介紹、帶入當天的主題。「大家好，我是伊勢田。今天要談的是得心應手的溝通技巧。請各位多多指教。」

對聽衆說話可營造團體的參與感

配合主題穿插一些小故事更有加分效果；但是還不習慣這種場面時，聊聊天氣或與季節相關的活動也綽綽有餘。

「今天天氣眞好。」

「現在是梅雨季節，可是沒怎麼下雨。務農的朋友想必很傷腦筋吧。」

「聖誕節快到了啊。」

若是能像這樣引起聽眾的共鳴，什麼話題都ＯＫ。「今天非常感謝各位冒雨前來。」加上感謝的話語，可讓聽眾對你留下好印象。

稍微習慣場面後，可以**適度穿插電視節目或時事等方面的話題**。不過，**請勿談論運動或政治、宗教**，因爲每個人各有支持的對象。

我不管有沒有麥克風，都會**使勁揮手向最後面的人說話**：「後面的朋友，這樣的音量聽得到嗎？」用這種方式向聽眾說話，不但能營造團體的參與感，也較容易舒緩緊張。再加上伸展手臂可緩解緊繃的身體，更不容易讓自己陷入緊張。

以上是我的開場模式。

請各位務必建立自己的模式。

Check!

☐ 有了好的開始，就能順勢打開話匣子。

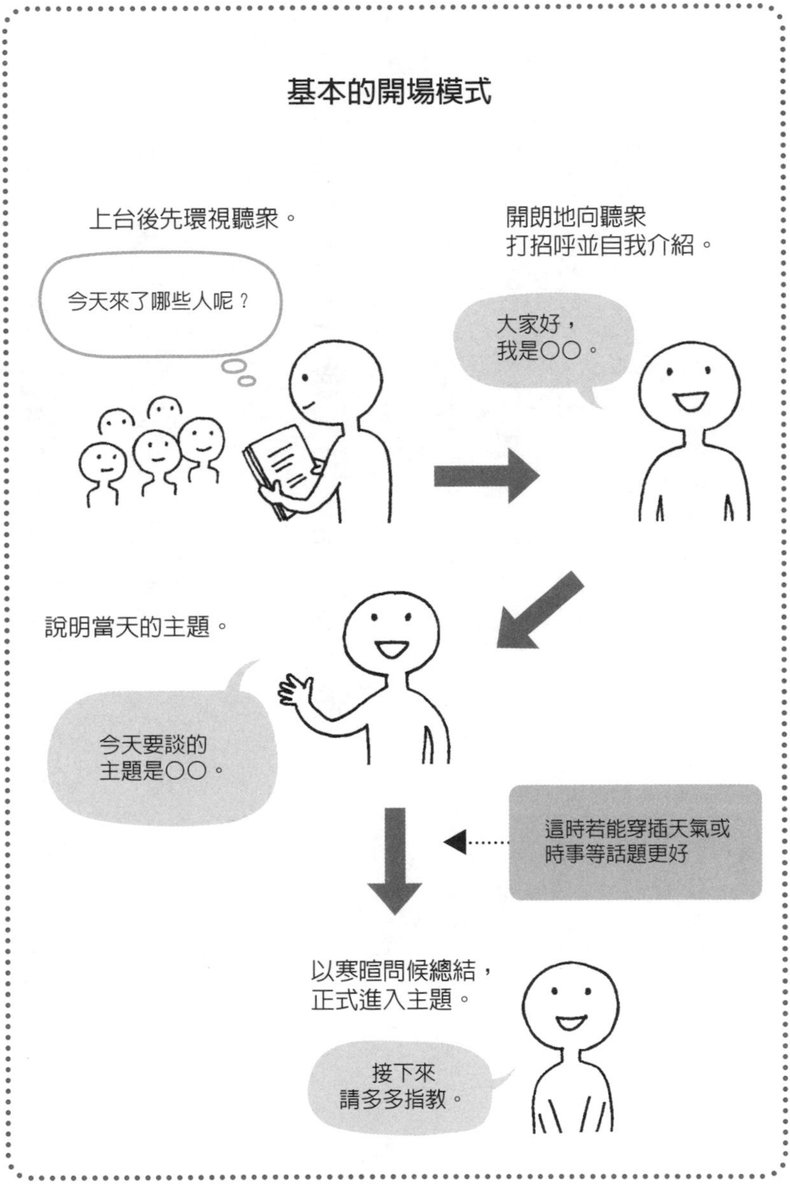
基本的開場模式
上台後先環視聽衆。
今天來了哪些人呢？
開朗地向聽衆
打招呼並自我介紹。
大家好，
我是○○。
說明當天的主題。
今天要談的
主題是○○。
這時若能穿插天氣或
時事等話題更好
以寒暄問候總結，
正式進入主題。
接下來
請多多指教。

16. 照平時的口吻，避免使用生澀的詞語

使用生澀的詞語容易造成緊張。

■ 做平常不會做的事會引發緊張

各位是不是認爲，面對大庭廣眾就得使用正經八百的詞語呢？例如寒喧問候時說：「由衷感謝諸位不辭辛勞撥冗與會。」平常說慣也就罷了，如果平時很少說這類話語，一心想要說得完美，結果讓自己不由得緊張起來，反倒說得生硬不自然，結結巴巴。

於是，「我搞砸了」的念頭讓緊張升溫，令自己愈來愈慌亂。

「非常謝謝大家百忙之中遠道而來。」照平常的樣子說話，可緩和場內

的氣氛，自己也不容易緊張。

生硬的話語和艱澀的措辭，也會讓聽衆感到渾身不自在。

只要措辭有禮，用自己平常使用的詞語便足以展現誠意。用最平實的詞語，以最眞誠的心說出來即可。

使用平易近人的詞語

不少人總是喜歡在演講或簡報等場合使用專業術語或英語等艱澀的詞語。難道認爲這樣會顯得自己很厲害、很聰明嗎？

我常問聽衆：

「各位知道池上彰先生的解說爲什麼那麼淸楚易懂嗎？因爲他常使用平易近人的詞語，連小學生都聽得懂。」

台下聽眾無不恍然大悟。

池上彰先生是非常受歡迎的新聞解說員，使他大受歡迎的祕訣就是用平易近人或淺顯易懂的方式，解說艱深複雜的問題。

若是夾雜生澀難懂的詞語，聽眾並不會因此佩服你，反而會覺得不耐煩，充耳不聞。如此一來，連自己也不曉得在說些什麼，看到聽眾不耐煩的樣子，也會使自己愈來愈焦躁緊張。

因此，請盡量使用平易近人的詞語。

Check!

☐ 最重要的是使用平常慣用的詞語，清楚易懂地告訴聽眾。

照平常的樣子較不容易緊張。

使用生澀的詞語。
說得太生硬。
使用英語或專業術語。
我舉薦〇〇。
謹在此由衷致謝。
請提出Agenda。
照平時的口吻說常用的詞語。
使用平易近人的詞語。
我推薦〇〇。
非常謝謝！
請制定計畫。

17. 視線要隨身體移動，營造一對一的關係

與每個人眼神交會，反而不容易緊張。

利用視線移動完美控場

有的人站在大庭廣眾面前時，因爲看到聽眾會讓自己緊張，所以全程低著頭或者眼神到處飄，避免與聽眾對上眼。不過，這樣做反而會顯得自己不夠沉穩。

眼神的分配方式也是消除緊張的重要關鍵。

上台後，首先環視聽衆的臉，稍微喘口氣再寒暄問候。到目前爲止是OK的。接著向最後面的人揮手問道：「後面的朋友，聽得到我的聲音嗎？

沒問題嗎？」

這麼做是爲了消除緊張，實際上還能達到另一種效果。坐在最後面的人，通常對演講內容沒興趣。因此，一句問候即具有提醒對方的效果：「請聽我說話喔。」

如果最後面的人聽到詢問，回答說：「聽得見。」「沒問題。」便可藉此確認是哪一位聽眾回應，接著將視線循Z字形路徑從最後一排移往最前排。

與每個人眼神交會

正式進入主題後，視線基本上一開始是對著正中央的位置，也就是看著從前面數第三排左右的聽衆說話。不要盯著最前排的聽衆，以免視線一直朝下。

與某個人眼神交會，營造一對一的關係較不容易緊張。說完一句或兩句後，便將視線移往下一個人，與對方眼神交會，對著他說話。這時候的重點是**視線要隨身體移動**。有的人只動頭部，但這樣會給人極爲冷淡的印象。

我會向研討會的學生如此說明：

「學校老師與補習班老師不一樣。學校老師說話時只會把頭轉向學生，但是補習班老師說話時會把身體轉向學生。」

由此可知，補習班老師的舉動強烈表達了希望學生能理解的心情。

面對兩名以上的人時，不管對方有多少人，請務必留意，不論自己或坐或站，視線都要隨著身體移動。這麼做可增加說服力，也能營造一對一的關係，避免陷入緊張。

Check!

□ 認為自己是一對多，才會因此怯場。

基本的視線分配與眼神交會方式。

一開始先向最後面的人打招呼。

↓

視線從最後一排循 Z 字形路徑左右移往前面。

↓

眼神對著第三排的人說話。

↓

眼神交會一陣後，再看向下一個人對他說話。

視線要隨身體移動。

18.

面對大庭廣眾也能做到雙向溝通

貼近對方的心，就不會怯場。

■覺得自己在唱獨角戲就會感到緊張

一站在大庭廣眾面前，還不習慣場面時往往會自顧自地說話。因此忽略了要顧及對方的心情，更別說確認對方是否理解自己說話的內容。

如果是一對一，你就能清楚觀察到對方的反應吧？一察覺對方似乎聽不太懂，就會換個說法，舉各種例子加以說明，試圖讓對方明白。有時還會加上肢體動作，甚至改變聲音等等。

在大庭廣眾面前說話，基本上與一對一說話沒兩樣。只要有說話的對象，就是雙向溝通。

最重要的是記住一點，不論是演講或簡報，你都不是在唱獨角戲，而是在與人溝通交流。

如此一來，自然而然能改變說話的方式，舒緩緊張的情緒。

貼近對方的心

溝通的主軸只有一個，也就是說話的對象。重點即在於能不能把自己想說的傳達給對方。然而，**當說話的對象有很多人，就會認爲自己是在對一個群體說話，忘了溝通的基本原則**。

「我一定要好好說話。」「我絕對不可以忘了準備好的台詞。」如果像這樣把自己當成溝通的主軸，就會只顧得上自己，反而造成無謂的緊張。

「會不會很難懂？」

「各位過得還愉快嗎？」

若是能貼近對方的心，就不會那麼緊張。

從這一點來看，說話時看著每一個人的眼睛，對於消除緊張十分有效。

要懷著與對方溝通交流的高度熱忱，不要因爲面對一大群人而不知所措。

結束一開始的寒暄問候就進入正題的話，必須隨時保持與任何一位聽眾眼神交會，用一對一的心態與對方說話。

Check!

☐ 只顧自己才容易緊張。

以自己為優先才會顯得慌亂。

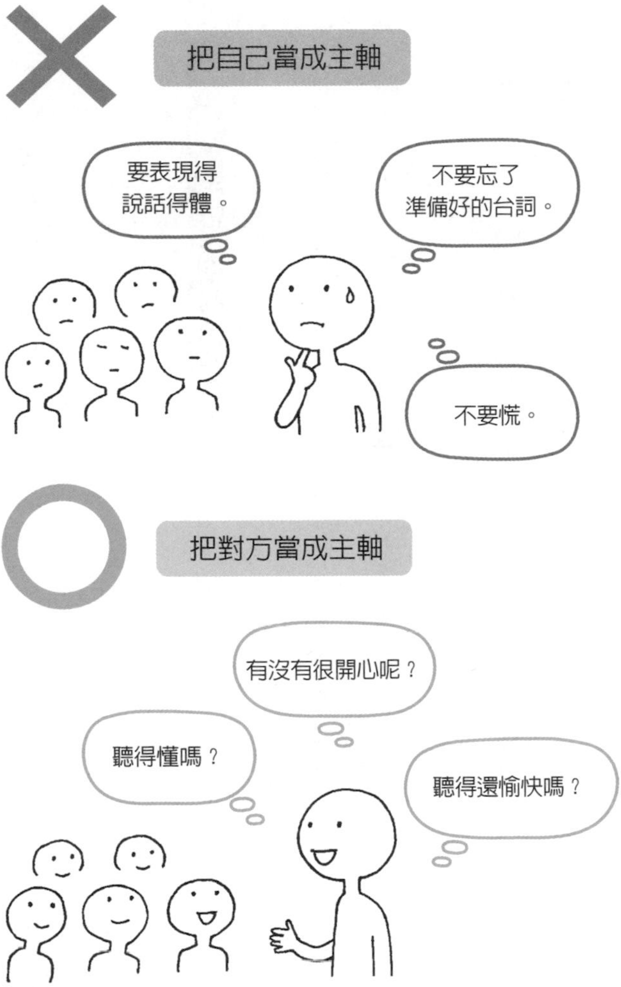

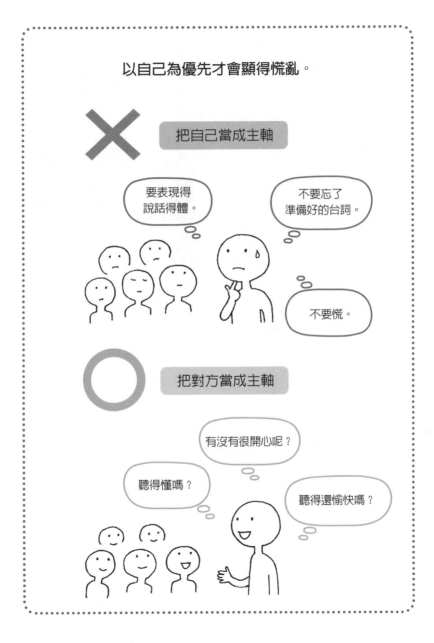

19. 點頭附和的人就是你的盟友

盡快找到盟友就能緩解緊張。

先找到點頭附和你的人

如前面所提到的，基本上，視線要對著坐在第三排的人說話。如果有人在與你眼神交會時點頭附和或報以微笑，不必在乎對方坐在哪一排，不如就對他說話。

會向你「嗯、嗯」點頭附和的人，就是你的盟友。盡快發現盟友，有助於抑制緊張。

再怎麼習慣站在大眾面前說話的人，一旦發現台下有人點頭附和，仍是會感到安心與慶幸。相反的，**對著滿臉無趣的人或雙手交叉抱胸的人，看到他們冷漠的反應一定會讓自己更加緊張**，這一點請務必留意。

以下是我以聽眾的身分，聆聽某場演講所發生的事。

講師是眾說周知的名人。當我在台下認真聽講並點頭附和，那位講師就一直看著我的眼睛、對我說話。

演講結束後，我特地去休息室向講師致意，他卻向我道謝：「非常謝謝您認真聽我說話。」

由此可知，對於講者來說，有人願意點頭附和是多麼值得慶幸的一件事。

不妨先安插點頭附和的內應

實在緊張得不知所措或缺乏自信時，可以的話，不妨**先拜託別人當「點**

頭附和的內應」。

我第一次面對一大群人前開研討會時，爲了消除心中的緊張不安，同樣拜託熟識的朋友當點頭附和的內應。我請朋友坐在正中央的位置，他很捧場地用力點頭附和，大笑著聽我說話。

多虧朋友幫忙，我才能從容地說話，順利結束研討會。

最理想的是，說話時把視線平均分配給每一位聽眾，但除非是老練的講者，否則還是很困難。

剛開始要儘早發現對自己有善意反應的人，哪怕只有一位，只要對著他說話就好。

Check!

□ 只要有人點頭附和，肯定更能安心說話。

不要弄錯說話的對象。

毫無表情、毫無
反應的人。

滿臉無趣的人。

雙手交叉抱胸的人。

視線交會時，
對自己報以微笑的人。

會「嗯、嗯」
點頭附和的人。

對自己有
「哦～」這類
善意反應的人。

20.

營造輕鬆的談話氣氛可消除緊張

藉聽眾之力營造輕鬆的氣氛。

■ 盡量讓聽眾多參與

在研討會或演講等場合，我最注重的是「帶動氣氛」。簡單來說，就是「讓聽眾多參與，營造出自己能輕鬆談話的氣氛」。

我曾遇過以下的例子。某個產業委託我演講，而台下坐著的全是六十多歲的主管級大叔。

他們與我平時演講的對象完全是不同類型，不但不苟言笑，還有人就在台下睡大覺。他們對我的演講主題一點也不感興趣，只不過礙於業界的規定，不得不履行義務前來聽講，以致於現場氣氛十分僵冷。

如果不能在開頭的三分鐘擄獲聽眾的心，我就會緊張得無法順利說完。在那瞬間，儘管有些焦急，但我立刻說：

「請各位站起來，兩人一組自我介紹。」

因爲我當天的主題是「運用姿勢溝通交流」，所以這項要求並無不妥。睡大覺的人只好無奈地站起來，吵吵嚷嚷地開始自我介紹。我也走到聽眾身旁向他們說話，不時提供建議，現場氣氛頓時和緩許多。

用這種方式讓聽眾多參與，並透過一起活動凝聚共識，就能營造出輕鬆的氣氛，講師也較能夠安心說話。

我總是會在一開始請聽眾做一些活動，習慣場面後再進入主題。

用問答帶動氣氛

如果現場不容易請聽眾做活動，也可以採用問答的方式帶動氣氛。

舉例來說，問候一聲「大家好」之後稍微停頓一下，聽眾應該會回應「好」。若是回答的聲音稀稀落落，不妨與聽眾寒暄幾句：「大家感覺沒什麼精神啊，是不是中午吃過飯後想睡覺呢？」

像這樣與聽眾交流互動，就能讓現場氣氛更加緩和。

我一開始總是先打招呼：「後面的朋友，聽得到嗎？」同樣是帶動氣氛的一環。因此，向聽眾提問也是一個好方法。

Check!

□ 藉聽眾之力，在「大家一起享受現場氣氛」的環境下說話。

讓聽衆多參與，帶動現場氣氛。

一起做活動

接下來，請各位
互相自我介紹。

與聽衆互動交流

大家好。
今天真是涼爽的
好天氣啊。

向對方提問

你覺得如何呢？

21. 邊動邊說可讓自己放鬆

多活動手腳可消除緊張。

■ 舒展身體可緩解緊張

離開休息室等待上場時，最好能盡量多活動。在大庭廣眾面前說話時，活動一下手腳較不容易緊張。

始終維持同樣的姿勢，會使身體變得緊繃，緊張情緒更加升溫。結果讓身體愈來愈緊繃，自己也陷入緊張加劇的惡性循環。

爲了避免緊張，就要反其道而行，活動一下舒緩身體。最好的方式就是走一走。

或許有人會想：「正在台上說話也能走動嗎？」當然ＯＫ。可以一邊走動一邊說話，也可以不發一語走動一下製造空檔。

不過，請不要走得匆匆忙忙，要慢慢走。例如說了一段話之後，可以往左或往右走幾步，接著停下來，看著某位聽眾的眼睛再開始說話。繼續說了一段話之後，這次往反方向走，停下腳步與某個人眼神交會，再接著往下講。

這一連串動作看起來十分自然，聽眾應該不會想到講者是爲了消除緊張才在台上走動。

根據聽眾年齡靈活運用手勢

運用手勢也較不容易緊張。但不要在年輕的聽眾面前使用誇大的手勢。尤其當聽眾的年齡層以十幾歲到三十出頭居多時，手勢要收斂一點。另一方面，聽眾的年齡層較高，以六十歲以上的人居多時，手勢不妨誇大一些。

這純粹是眼睛功能的問題。如果仔細觀察，會發現電車或巴士上的年長者說話時會輔以手勢。若是希望對方較容易理解自己的想法，自然而然會以手勢輔助。

至於年輕人，因爲視力較好，太誇張的手勢反而會產生壓迫感。由此可知，關於手勢的世代差異實際上相當大。由於手勢造成世代間的誤解也相當多。

這一點或許會讓各位覺得有些困難，不過，請根據聽眾的年齡，改變手勢的幅度大小。

Check!

□ 在年輕人面前，手勢要小；年齡層愈高，手勢要更大。

活動手腳可舒緩身體，讓自己放輕鬆。

✕

說話時始終維持同樣的姿勢。

○

慢慢往左
或往右移動。

說話時穿插手勢。

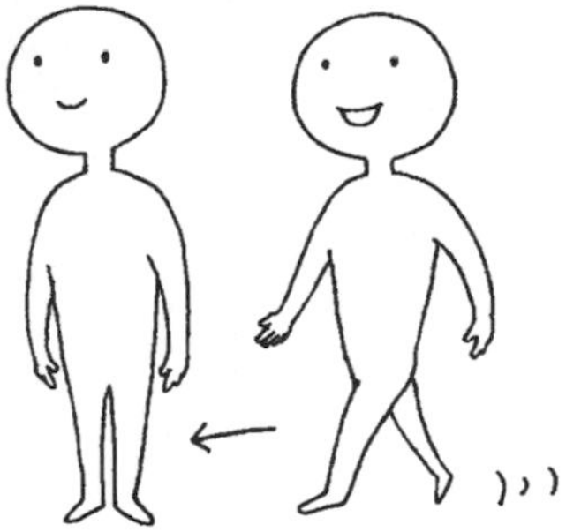

根據聽衆的年齡層
改變手勢。

停下來與某位聽衆眼神交會，
再繼續往下說。

22. 說話時多留些空檔，段落要分明

可藉著察看聽衆的反應或是喝水製造空檔。

■自顧自的說，會讓聽衆感到厭煩

容易緊張的人，說話方式有一大特徵。那就是說話間沒有空檔，自顧自地一直往下說。對聽眾來說，一旦跟不上講者的內容，就會失去興致而顯得煩躁。

在這種場合裡，最重要的是製造空檔。這項必備訣竅不但可以促使聽眾理解內容，自己也能喘一口氣。不過，還不習慣這種場面時，往往會害怕空檔期間的沉默。

結果自己非但沒有喘口氣，反倒在說話時加入「呃～」、「那個～」等贅詞。

一般來說，最理想的是說了五十至一百個字左右之後，製造一點空檔。這種文字量說出來眞的很短。請用電腦打字看看，頂多兩行文字而已。因此，說了兩行文字後，不發一語看著聽眾的眼睛。當自己說完一段話後停下來，對方一定會點頭示意。確認對方有反應後，再繼續往下說。

這是最簡單的製造空檔方式。

利用喝水製造空檔也是一種方式。這時候避免使用「玻璃水瓶與玻璃杯」才是上策。因爲過度緊張時手會發抖，而在倒水時把水潑出來。

我會準備保特瓶。也許有人會覺得：「女性直接對著保特瓶口喝水，這樣好嗎？」但我不覺得有什麼不妥。

不過，喝水時請稍微側身，或是趁聽眾做活動時再喝比較好。

有效製造空檔，營造層次分明的感覺

適度製造空檔，可讓你說話時層次分明，持續吸引聽眾。這麼做也能讓聽眾滿心期待下一個話題。

例如稍微拉長空檔時間：「前幾天，我遇到了一件事。（空檔）……。」聽眾就會興致勃勃的想要知道「到底發生了什麼事」。

不要害怕製造空檔時的沉默，只需想著如何帶動自己演說時的氣氛，並以愉快的心情面對，放輕鬆一些，一定能發揮你的個人魅力。

Check!

☐ 不要害怕空檔，有效運用空檔帶動氣氛吧。

妥善製造空檔，可讓演講或簡報顯得更緊湊。

猶如單調的流水帳
從頭說到尾。

發言前忍不住加入
口頭禪似的「呃～」、
「那個～」。

大致說了兩行文
字後，停下來察
看聽衆的反應。

喝一口水，不發
一語，製造空檔時間。

說到關鍵部分，
空檔留久一點。

23. 說話簡要清晰

用簡短的句子堆疊較淺顯易懂。

■ 語尾要明確

一般常說，聲音是自信的標誌。說話聲音嘹亮的人，看起來確實充滿自信；說話輕聲細語的人，看起來就有些沒自信。

尤其是有緊張症狀的人，當對方反問：「嗯？什麼？你再說一次？」會讓他更說不出話來。

希望說話音量比平時大聲的話，就要把下巴抬高一些。氣管會因此變得通順，音量自然而然提高兩格。接著再提醒自己，語尾要清晰。愈是缺乏自信的人，語尾發音愈含糊。

沒自信的人會一直說「我覺得」，而且愈說愈小聲，「我覺得……」、「我覺得……」，給人不太可靠的感覺。

這根本毫無說服力。聽眾也會在心裡吐槽：「眞的是這樣嗎？」

請說得簡潔明瞭：「我是○○。」「這是我的想法。」「我認爲是○○。」只要最後的語尾發音說得清晰，就能增加說服力，自己也能鬆一口氣：「啊，總算說出來了。」

■話語要簡潔明瞭

前一項已提到大致說了兩行文字就要製造一些空檔，希望言語間段落分明的話，就要說得簡短扼要。句子太長，會連自己也不知道在說些什麼。「我這樣說眞的好嗎？」「跟剛才說的有沒有自相矛盾？」結果愈說愈不安，導致語尾含糊不清。

簡短的話語可避免自己陷入混亂，聽眾也較容易理解。

例如以下這段文章，寫得實在又臭又長：

「我想我們都會煩惱應該和什麼樣的人搭檔比較好，這時候就要仔細觀察對方的眼神。」

這時候改成三段，不但容易說，對方也較容易明白：

「我們應該和什麼樣的人搭檔比較好呢？各位都有這種煩惱吧？這時候就要仔細觀察對方的眼神。」

只要用嘹亮的聲音把語尾說清楚，並且說得簡短扼要，就能讓自己顯得十分有能力。

Check!

□ 簡短扼要且鏗鏘有力，就能讓對方聽得清楚明白。

學習有說服力的說話方式。

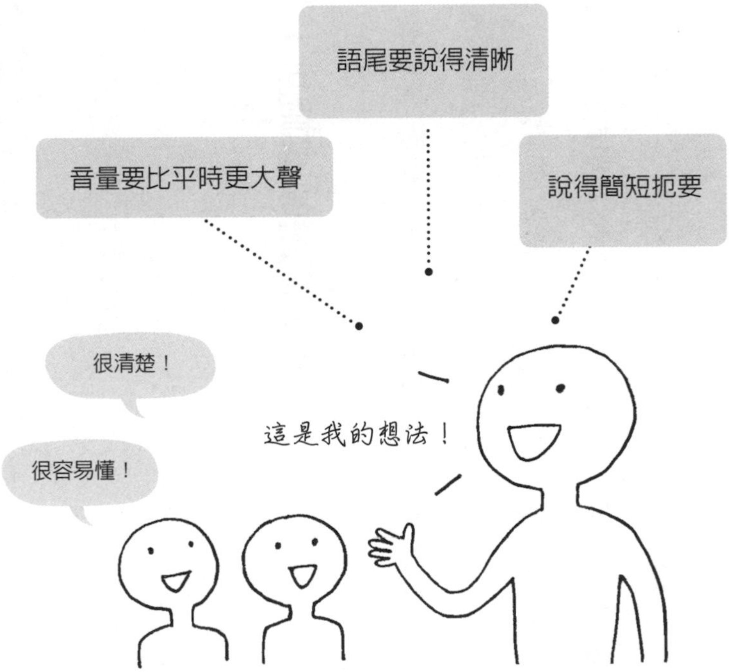

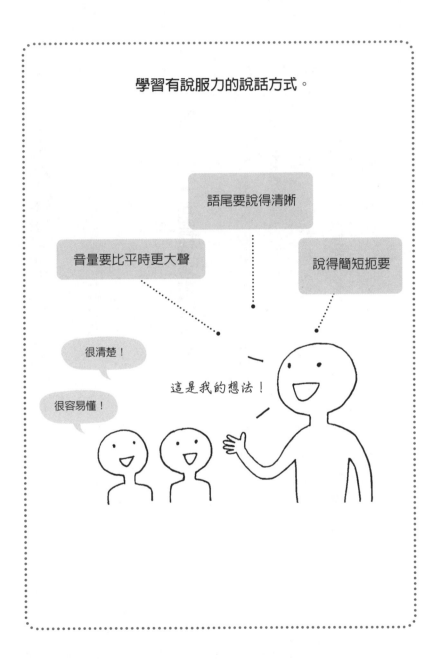

24. 把重點條列式的寫在小抄上

小抄正是預防緊張的護身符。

■ 一字一句背誦會有反效果

看到有人可以不看筆記，滔滔不絕充滿自信的演說，相信每個人都很羨慕吧？不過，還不習慣時，最好先準備小抄。

話雖如此，我不建議把草稿一字一句背下來的做法。一旦發生突發狀況，恐怕會來不及應變，稍微忘詞也會導致後面不知道該說什麼，陷入進退兩難的局面。再加上「絕對不能出錯」的念頭極為強烈，反而讓自己更緊張。

我推薦的做法是準備條列式寫下重點的小抄。用自己容易看得清的字體大小寫在A4左右的紙張上。即使忘了下一句該說什麼，條列式的寫法也能立刻找到重點。

不用小抄，而是用摘要的形式發給每位聽眾也無妨；也可以像家長會等場合那樣，將議題寫成板書。

事先準備小抄，可避免脫離主題或忘詞。如果說錯或講偏了，也只需坦承錯誤，修正過來就好：「剛剛有點偏離主題了，現在拉回正題……。」小抄也是自己陷入慌亂、不知道該說什麼時的救生索，有了它就能感到安心。

不妨正大光明的看小抄

偶爾會發現有人在演說期間不時偷看一小張寫得密密麻麻的筆記，這樣非常不妥。這麼做不但會讓聽眾感到不耐煩，自己也很難看得清楚，不知道說到哪個部分。

不時偷看小抄也很難與聽眾眼神交會，使自己愈來愈緊張。

既然要看，就正大光明的看。

不要等到忘詞時才看，不如從頭看到尾，每說完一個項目，就拿起小抄看一下。一開始就拿起來看的話，聽眾會認爲講者的演說風格就是如此。

看小抄並不可恥。偷偷摸摸的看才會顯得不自然。以正大光明的態度看小抄，一點也不成問題。

Check!

□ 一開始就用理所當然的神情看小抄，便顯得自然不造作。

把重點以條列式寫在小抄上，正大光明拿起來看。

寫好草稿，
一字一句背下來。

密密麻麻寫在
一小張紙上。

掩人耳目似的偷看。

將重點逐條列出。

用容易閱讀的
字體大小寫在
A4紙張上。

以正大光明的態度、
一副理所當然的神情
看小抄。

25.

有效運用投影機可抑制緊張

解說圖片時須注意姿勢。

利用圖片轉移聽衆的視線

最近看到愈來愈多人使用投影機，將PowerPoint等軟體製作的圖片投影在螢幕上加以解說。投影機固然是簡報時不可或缺的一項工具，運用得當同樣有助於緩解緊張。

尤其是聽衆的視線一集中在自己身上就會緊張的人，我非常推薦使用投影機。利用投影機可以轉移聽衆的視線，讓自己的心情輕鬆許多。

這時候要用靠近螢幕的那一隻手拿著雷射筆，說話時將身體朝向聽眾，只將臉部朝向圖片。拿雷射筆時，要用靠近螢幕的那一隻手拿著。

常看到有人背對聽眾，一直盯著螢幕說話。一般人往往認爲這樣可以避開聽眾集中過來的視線，自己較不會緊張，實際上卻是弄巧成拙。

因爲只能呆呆地站在那裡，無從得知聽眾的反應，再加上來自後方的視線，結果讓自己愈來愈緊張。

至於聽眾，絕大多數人一看到投影的圖像，通常會立刻閱讀文章，當下即了解內容，「唔，原來如此。」講者若是再說明一次，等於讓聽眾重複聽了兩次，不免感到無趣。長時間處在這種狀態下，聽眾就會失去興致，有的人便打瞌睡，甚至滑起手機。

這幅景象實在很難讓人冷靜的繼續說下去吧。

適度使用投影機並在台上走動

使用投影機的時間大約占整場演說的一半就好。用完後請打開電燈，在台上一邊走動一邊說話。

使用投影機期間，我會在走動時多留意，避免自己的影子出現在螢幕上。

講者像這樣在場內開燈又關燈，並藉著走動營造層次分明的氣氛，既不會讓聽眾感到無聊，自己也能放輕鬆。

投影機是預防緊張的一項利器，但是注意不要過於依賴。

Check!

☐ 不要對著螢幕說話，要對著聽眾說話。

善用投影機的技巧。

✕

背對聽眾，
始終盯著螢幕說話。

從頭到尾使用投影機
解說螢幕上的圖片。

○

說話時身體朝向聽眾，
只將臉部對著螢幕。

使用投影機的時間大約占
整場的一半就好，接著打
開電燈，邊走動邊說話。

26.

要對聽衆說話，不要照著摘要或資料誦讀

隨時保持寬廣視野，與聽衆互動交流。

■用一隻手將摘要舉在臉部的斜前方

若是在簡報或會議上準備了摘要等資料，你會如何使用它呢？

不少人應該會放在演講桌上，低頭唸出來。但是這樣很不妥。低著頭會使聲音出不來，聽衆也不得不盯著你的頭頂。

除此之外，也有人不知是否想要擋一下視線，而用雙手拿著摘要遮住臉。我也不建議這麼做。因爲無法與聽衆視線交會，不但自己會緊張，聽衆也會感到不安：「這個人看起來好緊繃，沒問題吧？」

唸摘要或資料時，請將身體朝向聽衆，張開腋下，用一隻手將文件舉在臉部的斜前方。這樣的姿勢不僅美觀，也顯得落落大方，絕對會讓別人對你的印象大爲改觀，請務必試試看。

不要照稿唸，要對聽衆說話

還有一項重點，不要唸文章，而是「說」出來。使用投影機也一樣，若是把所寫的內容照樣唸出來，聽衆會感到無趣。如果只把資料與摘要照稿子唸出來，聽衆也沒必要聽下去，不如把資料帶回去看就好。

因此，請不要用唸的，而是「說給對方聽」。

例如以下這段文章：「事後檢討沒辦法在洽商時取得共識的原因，就是『不夠體恤對方』。」用下列方式說出來：

「各位應該遇過洽商不順利的情況吧？這時候，請回過頭來想一想，到底哪個部分做得不好？仔細想想，是不是不夠體恤對方呢？」

由此可知，徵求同意的詞語「～吧」，以及「有沒有想過～？」「有沒有遇過～？」這類問句，就是向聽眾互動交流的兩大用語。

這些詞語就像招呼聽眾一樣，吸引他們的注意，並且帶到對話的情境裡。

Check!

□ 善用互動交流的兩大用語，就能成為專業的演說家。

用一隻手拿著摘要或資料，向聽衆互動交流。

放在講桌上，
低頭唸出來。

把摘要拿高遮住臉，
照樣唸出來。

照所寫的唸出來。

身體朝向聽衆，
將摘要舉在臉部
的斜前方唸出來。

不要照稿子唸，
要向聽衆互動交流。

張開腋下，用一隻手拿文件。

27.
用一隻手打拍子較可輕鬆說出話來

確認自己的慣用腦，一定會空出一隻手。

■ 你是右腦派？還是左腦派？

唱卡拉ＯＫ時，你是用哪一隻手拿麥克風呢？

一般認為，用右手拿較能愉快高歌的是「右腦派」，用左手拿唱得比較好的是「左腦派」。

就像我們有所謂右撇子與左撇子的慣用手，大腦同樣也有「慣用腦」。右腦派的人，用右手拿麥克風或資料，並將左手空出來，較容易說話；相反的，左腦派的人將右手空出來較容易說話。

一般來說，右腦稱爲「感性腦」，左腦稱爲「理性或語言腦」，而女性以右腦派居多。我也是屬於右腦派，舉辦演講或研討會時一定是用右手拿東西、用左手做動作。

一旦反過來，我就會說不出話來，變得很緊張。

這實在很不可思議，用哪一隻手拿東西，竟然會完全左右說話的流暢度。

你又是如何呢？確認一下自己的慣用腦是哪一邊吧。二十人中約有一個人，左、右腦都運用自如。

順著節奏說話就不會緊張

知道自己的慣用腦後，例如右腦派的人，就要習慣用右手拿麥克風或資料、雷射筆。空出來的左手可以手指微張，掌心朝上，有節奏地上下輕揮一下。活動手部可舒緩緊張，順著節奏說話也會較流暢。

此外，一緊張往往會愈說愈快，最後連自己也不知道在說些什麼。遇到這種情況，**可像節拍器一樣打拍子，調整說話的速度**。有節奏的手部動作也會吸引聽眾，願意認眞聽你說話。

順著節奏說話，確實有益無害。請不要用兩手拿著資料或麥克風，一定要空出一隻手。

Check!

☐ 順著節奏唱歌就能唱得好，在大庭廣衆面前說話也是一樣。

確認自己的慣用腦，用空出來的手打拍子。

固定右手、活動左手，
較容易說話。

在卡拉OK用右手拿麥克風
就能唱得很好。

右腦派

固定左手、活動右手，
較容易說話。

在卡拉OK用左手拿麥克風
就能唱得很好。

左腦派

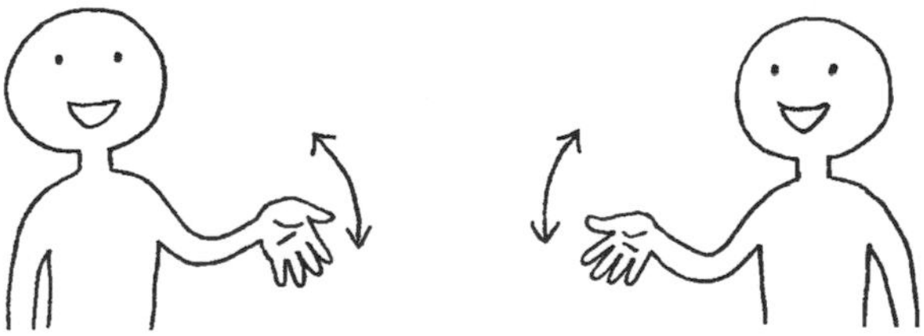

空出來的那隻手，掌心要朝上，有節奏地上下揮動。

28. 說話時大力點頭可消除緊張

點頭可營造節奏感，讓聲音抑揚頓挫。

講者與聽衆都能放輕鬆

前一項所提到的有節奏地上下揮動手部，對於解決因爲緊張而語速加快的情形十分有效。還有一項推薦的方法，就是說話時大力點頭。

原因在於大力點頭時，語速不容易加快，自然能夠從容溫和地說話。除了給人沉穩的印象之外，自己也能順著節奏說話，對於緩解緊張的效果非常好。

當聽眾看到講者點頭，也會不由自主地跟著點頭附和。而講者看到聽眾點頭的反應，同樣能鬆一口氣，繼續往下演說。

自己點頭，對方也跟著點頭，形成了說服力大增的良性循環。由此可知，**「點頭」的效果可凝聚講者與聽衆之間的共識**。

就行爲心理學來說，「點頭」透露出「我在聽你說話」的訊息，代表聽衆對講者的肯定與認同。

因此，說話時大力點頭具有兩種意義，一個是獲得聽衆的肯定，另一個則表示講者認同自己所說的內容。點頭之所以能增加說服力與安全感，就是這個緣故。

點頭可增加聲音的抑揚頓挫

如果覺得大力點頭很難爲情，**微微點頭**也沒關係。這樣可增加抑揚頓挫的節奏感，語氣較爲溫和。

我建議各位試試以下方式。

「請想像自己和年長者或二至三歲的小朋友說話的樣子。」

試圖讓對方理解時，我們通常會不自覺地一邊點頭一邊說話。

這是我們平時就做得到的事，不必因爲聽眾變多而改變。請試著溫和地向每個人說話。

Check!

☐ 希望對方理解時，自然而然會一邊說話一邊點頭。

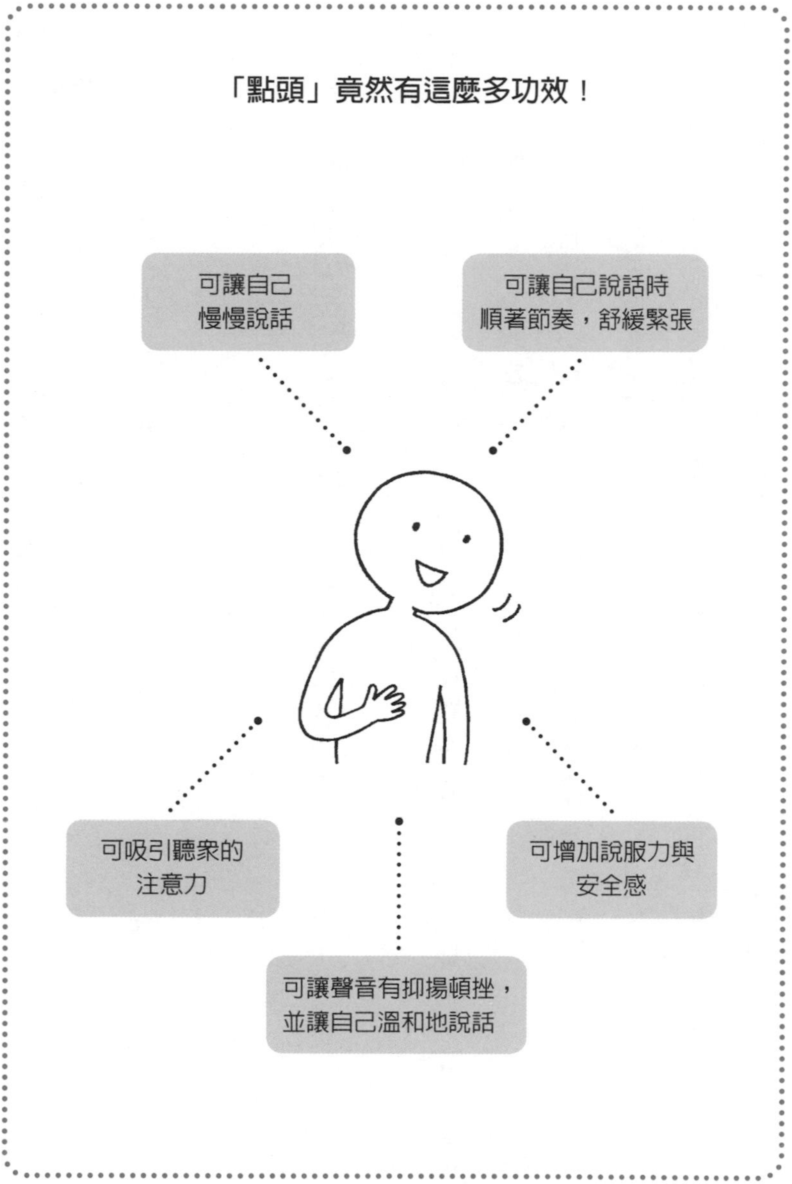
「點頭」竟然有這麼多功效！
可讓自己
慢慢說話
可讓自己說話時
順著節奏，舒緩緊張
可吸引聽眾的
注意力
可增加說服力與
安全感
可讓聲音有抑揚頓挫，
並讓自己溫和地說話

29.

直接說「我很緊張」反而會輕鬆一些

展現自己自然不造作的一面，可消除緊張。

■不必裝酷，坦白說出「我很緊張」

因爲極度緊張，感覺心臟快要從胸口跳出來時，老實向聽眾說「我很緊張」也是一個辦法。

「我第一次在這麼多人面前說話，現在很緊張……。」

「我有緊張症狀，等一下可能會說得結結巴巴……。」

坦白說出來後，會感覺一下子輕鬆許多。能不能在一開始說出這句話，將是影響現場成功與否的重要關鍵。大方坦承自己的弱點，也能卸下肩頭重擔，讓自己較容易輕鬆面對。

如果一開始說不出這句話，想要裝作不緊張的樣子，反而會讓自己更加緊張。與其如此，不如先坦承，把聽眾拉成自己的盟友才是上策。

聽眾一看到緊張得全身緊繃的人，也會忍不住緊張起來，沒辦法安心聽講。講者若是事先表明自己很緊張，聽眾反倒能坦然接受，願意替講者加油打氣。

日本人對「找藉口」很寬容

截至目前爲止，我在研討會或演講會等場合見過的人已超過十萬。剛開始確實遭遇不少挫敗，自從我向聽眾坦承自卑的一面後，絕大多數的人都會親切地關懷我。

亞洲人喜歡典雅內斂的態度。因此，一開始先預告：「我可能會表現得不是很理想。」大部分的人就會包容自己的失敗。若是表現得不錯，聽眾也會一起感到高興：「太好了、太好了。」

這一點與西方人的想法截然不同。他們說話時總是預設自己會成功。開門見山地說「我可能會表現得不好」，會讓別人認為自己在找藉口，立刻被烙上「沒用的傢伙」的印記。

但是，這裡是亞洲。不必勉強自己採用西式的做法。說自己「很緊張」並無妨。如果失敗了，坦然道歉就好：「對不起，我太緊張了。」「剛才真是抱歉。」

最重要的是讓自己輕鬆一點。

Check!

□ 不希望弱點攤在陽光下，會使自己更緊張。

坦承自己很緊張會比較輕鬆。

✕

想要掩飾自己很緊張

↓

結果更緊張

↓

陷入慌亂

○

坦承自己很緊張

↓

卸下肩頭重擔，
感覺輕鬆許多

↓

聽眾也會替自己加油打氣

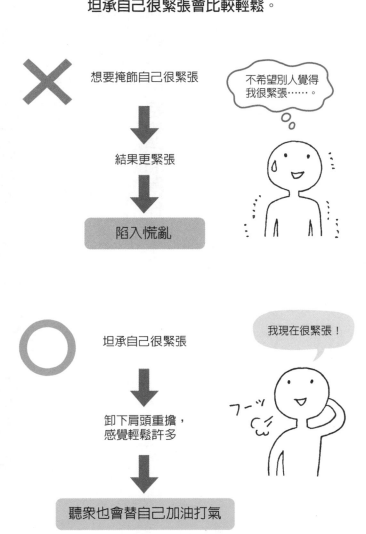

30. 說話時誠心傳達想說的訊息就不會緊張

誠心誠意傳達，便能打動人心。

■ 你說話的目的是什麼？

在大庭廣眾面前說話容易緊張的原因，就是自己給自己壓力：「一定要好好表現。」

你說話的目的是什麼呢？應該是想要傳遞某些訊息吧？

最能有效消除緊張的方法，實際上就是誠心誠意傳達想說的訊息。有了這種想法，說話的聲音自然會產生抑揚頓挫的節奏感。

也會試著確認聽眾的反應，是不是能理解自己所說的話。若是覺得：「會不會有些難懂？」就把剛才的部分重新講一次，加重發音強調重點。

另一方面，如果只求說得順利，說話聲音就會缺乏抑揚頓挫。

姑且不提受過專業訓練的主播，可以說，我們這樣的普通人幾乎不可能把話說得完美。

只要有心傳達，對方就願意聆聽

我參加過好幾次經歷過戰爭，或走過對抗疾病之路等相關人士所舉辦的演講會。每位講師都是一般人，並不特別擅長言詞。

他們經常結結巴巴，說錯話或說不出話來。即使如此，聽眾依然認眞聽講，因為他們感受到每一位講師誠心誠意傳達訊息的熱忱。

至今已有許多飽受緊張症狀所苦的人向我諮詢。我爲他們解說了消除緊張的姿勢與行爲、心態等等，也拍攝影片讓他們觀看實際效果。

不過，我最後都會給每個人一個建議：

「誠心誠意傳達想說的訊息。」

這就是我根據多年來的經驗所得出的結論。

請你說話時不要以「好好表現」爲目標，而是「誠心誠意傳達想說的訊息」。如此一來，一定能擺脫緊張的束縛。

Check!

□ 不要想著「一定要說完」、「要好好表現」，而是試著「努力傳達想說的訊息」。

最重要的是誠心誠意傳達訊息！

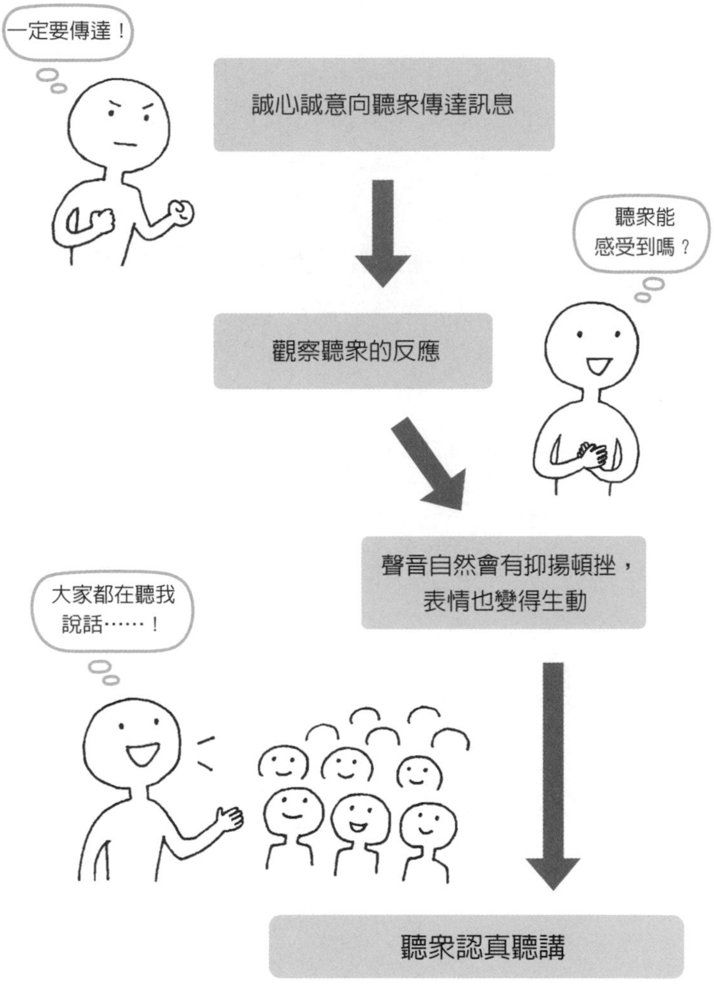

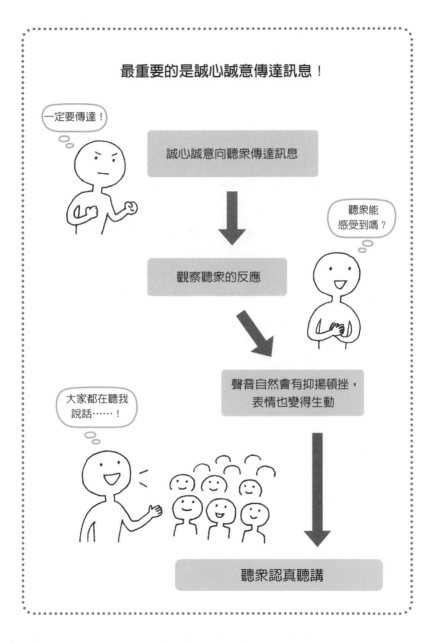

Part 3 總結
在大庭廣眾面前說話不會緊張的訣竅

Point **1** **一開始就讓聽眾參與，帶動氣氛。**

剛開始的三分鐘是決定成敗的關鍵。照自己的步調開始，就不會慌亂。

Point **2** **與某人視線交會，營造一對一的關係。**

抱著與眼前的人互動交流的心態，說話時就不容易緊張。

Point **3** **盡量活動手腳。**

維持同樣的姿勢會使身體變得緊繃，自己也會更加緊張。藉著走動、用手或頭打拍子，較容易放輕鬆。

Point **4** **秉著誠心誠意傳達訊息。**

不要把它當成你的成果發表會，不要忘了你是爲了傳達某個訊息才站在台上。

Part 4

說話不緊張的超簡單方法

～一對一篇～

31.

「將手放在胸前」的動作適用於任何場合

也能在對方心裡留下好印象。

■可以讓自己顯得很真誠

各位在面對相親聯誼或求職活動這類攸關成敗的場合，是不是曾經慌亂得語無倫次呢？

遇到這種情況，有一個動作可以迅速撫平緊張的情緒。

那就是將手放在胸前。請將一隻手的手掌貼在鎖骨下方的平坦處。

這裡實際上是人類的要害之處。因此，把手放在這個位置，可讓情緒穩定下來，緩解緊張。我們常說：「拍拍胸脯，鬆了一口氣。」這裡所說的胸脯，指的就是這個位置。這種保護要害之處的動作，可使人類本能地感到放心。

可喜的是，這種動作不但能讓自己放輕鬆，也能在對方心裡留下好印象。

說話時將一隻手放在這裡，看起來就像在拚命訴求。你的眞摯態度會打動對方，讓他願意信任你。

女性說話時將手放在胸前的動作，也會顯得很可愛。或許會有人心想：「那，男性怎麼辦？」

敬請放心。這個位置也代表使勁拍胸口表示「請交給我」，可讓男性顯得十分可靠。

可以說，這是適用於女性與男性，也適用於相親聯誼或求職活動等任何場面的萬用動作。

要害處須注意保暖，不要著涼

容易緊張的人，要害之處通常會受寒。請盡量保暖這處位置。必要的時候請穿上胸口開口較小、可覆蓋要害之處的衣服。這類衣服可避免著涼，也能增加自己的安全感。

再者，平時按摩這裡可幫助自律神經維持平衡，改善緊張體質。這個位置也是與女性荷爾蒙有關的穴位。我會建議女性：「這是美肌穴位，常常按的話，肌膚會變漂亮喔。」常按摩這裡實際上可改善肌膚狀況，且能穩定心神，散發柔和的氣質。

Check!

☐ 將手放在胸前，不但能讓自己感到安心，也能贏得對方的信任。

將手放在胸前，各種功效值得期待。

將一隻手貼在鎖骨下方的平坦處。

- 有安全感，能夠放輕
- 說話時看起來十分真誠
- 個性看起來很誠懇
- 女性顯得很可愛
- 男性顯得很可靠

能獲得對方的信賴與好感

32.

相親聯誼時輕鬆溝通的訣竅

能讓對方與自己感到安心的神奇姿勢。

■ 手肘擱在桌上可讓自己放輕鬆

相親聯誼時，最常看到有人說話時把手擱在桌上、微微交疊。這種姿勢會使人看起來規規矩矩，但是就對方來說，感覺不太容易親近。因爲這是單向溝通時的姿勢，也就是主播式的說話方式。

雙方面對面坐著時，把手肘擱在桌上，雙手不要交疊相握，而是讓對方看到你的掌心。這代表自我揭露（Self-Disclosure），也就是「我沒什麼好隱瞞的，我誠心接受你」的意思。

就像「開誠布公」這句話，這種動作表示自己信賴對方，對方也因此願意對你敞開胸懷，卸下心防跟你說話。

此外，把手肘擱在桌上會顯得企圖心十分強烈。再加上有手肘支撐，上半身得以穩固，情緒不會起伏不定，比較不容易緊張。

這種姿勢也很適合用在公司的內部會議或洽商。

相親聯誼時不妨傾身低語

調整好姿勢，說話時也會比平時更從容不迫。太過在意自己的姿勢會顯得很不自然，只需稍微留意就好。像是身體往前傾、稍稍降低說話的聲調，就會營造出「我正在跟你說話喔」的氣氛。

相親聯誼時最不可取的行爲，就是彷彿在演說似的，用周圍都聽得見的音量大聲說話。姑且不論說話的內容，都會因此讓對方尷尬得說不出話來。

工作能力愈強的人，愈容易把自己在商場上的強勢態度帶到相親聯誼的場合中，這一點請務必留意。

此外，想讓對方放輕鬆的話，不妨將手肘擱在桌上，雙手交疊在下巴下方。像這樣將手靠近臉部，可舒緩臉部到肩膀、手臂的肌肉，臉部表情也會變得柔和。

這個關鍵姿勢即表示：「你說什麼我都聽，請不要客氣，盡量說吧。」對方也會因此對你卸下心防，打開話匣子。

Check!

□ 讓自己不緊張的最佳祕訣，就是不要讓對方感到緊張。

相親聯誼時互動順暢的重點。

把手肘擱在桌子上，
讓對方看到你的掌心

代表誠心接納你的意思。

前傾的姿勢

對你表示關切的意思。

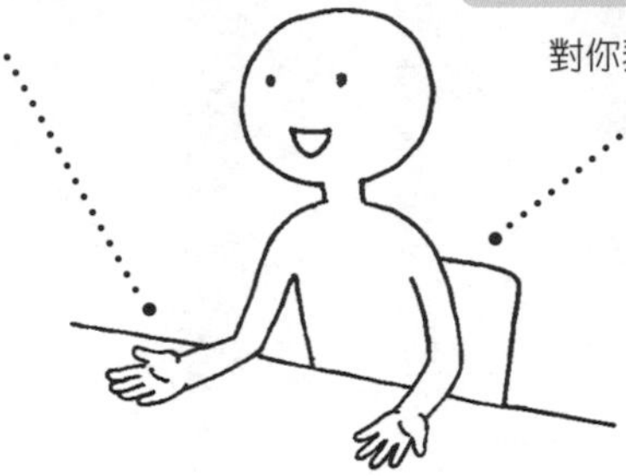

雙手交疊在下巴下方

代表「你說什麼我都聽」的意思。

由於對方感到輕鬆，自己也能放鬆下來。

33. 不善言辭就認真當個稱職的聽衆

若是擅長聆聽，對方也會對自己有好感。

■適度點頭可在相親聯誼時留下好印象

一般人都喜歡願意認眞聽自己說話的人。相親聯誼也是一樣。

在這種場合，自己往往會努力說話不要冷場，但是**認眞聆聽對方說話，正是達到順暢溝通的第一步**。

雙方對話所占的比例，大約以對方占六成、自己占四成最恰當。

這時候不可或缺的是**適度點頭附和**。

如果只是點頭，會顯得太業務。不過，像護理師或保育人員，總是把臉往前傾向一邊、溫柔地點頭。不妨試著像他們那樣點頭。

這樣看起來就像給予自己溫暖包容，絕對會使你對他們的好感度大增。

緩解緊張之後，不要只用「嗯」或「是喔」附和對方，要稍微積極地附和對方，爲對方製造良好的談話氣氛。例如顯示同理心的「那眞的好辛苦喔」，或者重複對方的話語回覆：「就是你說的吧。」如此一來，對方會感到你有認眞聽他說話，因而逐漸信任你。

找到彼此的共同點

與對方拉近距離的最佳方法，就是找到彼此的共通點。初次見面的兩人，發現雙方剛好是同鄉時，不是會一下子變得熱絡嗎？如果彼此對於喜歡的食物或興趣有共通點，就能慢慢打開話匣子。

因此，由自己主動詢問，發現一些共通點後，便贊同附和說：「我也是。」「跟你一樣耶。」對方就會開心地聊下去。

若是找不到共通點，也可以配合對方的答案。例如對方回答：「我喜歡看電影。」如果你不是特別討厭看電影，就能配合地回應：「我也喜歡！」

如此一來，不需要擔心「接下來要說什麼」，帶著愉快的心情與對方互動對話就好。

Check!

☐ 有一點必須留意，一開始不要急著與對方拉近距離。

適當點頭附和，抓住對方的心。

點頭的重點

✕ 只是點頭而已。

看起來很業務。

○ 將臉往前傾向一邊，
點點頭。

看起來像給予溫暖包容。

附和的重點

✕ 不要只重複「嗯」
「這樣喔～」「是喔」

對方感覺自己像是在敷衍，
漸漸懶得說話。

○ 可贊同附和說：
「我也是。」
表示與對方有共鳴。

對方知道自己有認真
在聽，也會很開心。

34. 「以眉目傳情」讓印象加分的技巧

只需緊閉雙眼再張大眼睛。

■ 展現自己的明眸大眼與熱忱

不論是求職活動、相親或聯誼，首先一定要顯出自己十分關切與對方的交談。這時候，最有效的方法就是運用眼神。

我們常說「以眉目傳情」，有一雙明眸大眼，確實能使臉上帶著充滿熱情與朝氣的神情。

以下爲各位介紹能自行打造明眸大眼的簡單技巧。

這項技巧也適用於眼睛細長或戴眼鏡的人。不過，對於戴隱形眼鏡的人很危險，請勿嘗試。

做法非常簡單。首先用力閉上眼睛，維持二十秒後再張大眼睛。這時候，瞳孔會放大，眼睛顯得晶瑩燦爛。

只要用這樣的雙眼看著對方，就能展現出「我對你說的話很有興趣」、「我很有熱忱」。

這項技巧絕對有助於女性在相親聯誼時增加魅力。

■先用力再放鬆，可舒緩緊繃的情緒

這項動作也能有效緩解緊張。

例如求職面試，下一個輪到自己時通常會緊張得心跳加快。這時候請緊閉雙眼再張大眼睛。卸掉力氣後就會感到鬆了一口氣，心情頓時冷靜下來。

因為緊張而使身體變得緊繃時，即使想讓自己放輕鬆也很難做到。不如反其道而行，使勁施力後再卸掉力氣更容易放鬆。

繃緊肌肉再一下子鬆弛，血液循環恢復順暢後，身體會立刻變暖。這麼做即有助於放鬆。

不只是眼睛可以這樣做，手也可以。我十分推薦用力握拳再放開的動作。

除此之外，能憑自己的意志控制收縮的部位還有肛門。用力縮緊再放鬆，便能感覺屁股附近有些暖和。

重複數次後，就能消除緊張回復平常心。請務必試試看。

Check!

☐ 用力之後，接下來就只有放鬆。

打造有力的眼神，使表情顯得生動有活力。

打造明眸大眼的簡單技巧

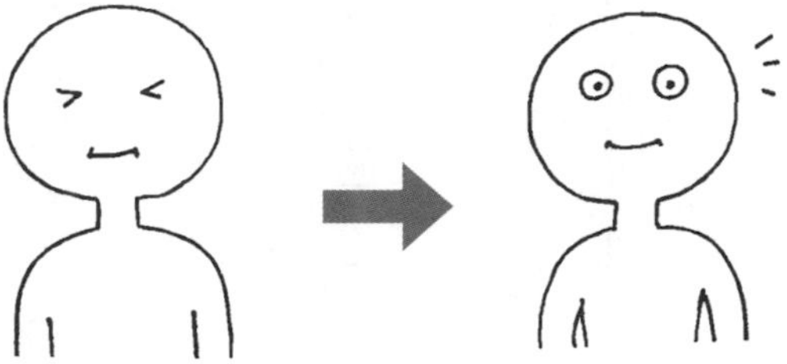

眼睛緊閉，維持用力秒。　　　　一下子張大眼睛。

瞬間消除緊張的技巧

用力握拳，再一下子放開。　　　　用力縮緊肛門，再一下子放鬆。

35.

面試時先緩解自己的緊張

對自己大力點頭可緩解緊張。

朝氣十足點頭示意，發揮自己的實力

相親聯誼時，我建議臉部可以往前傾向一邊、再點點頭；但是求職面試時，請將臉部朝向正前方，大力點頭。如此一來，就能給人爽朗有朝氣的印象。

再加上點頭時產生的動感，可展現自己的熱忱及強烈企圖心。比起面無表情精神萎靡的學生，確實能讓別人對你的好感大增。

不過，大力點頭的最佳效果，則是消除你的緊張。

因此，我會建議學生「對自己大力點頭」。

基本上，我提倡的姿勢與行爲的方向，都是朝向自己。消除你的緊張就會感到輕鬆，比較敢表達想法，自然能讓你的印象加分。

換句話說，給人留下好印象是副產品，最主要的是消除緊張，讓你得以發揮原有的實力。因此，請先對自己大力點頭。

■求職時的推薦動作

常有人問我，求職面試時到底能不能把手肘擱在桌子上？這倒是沒什麼問題，不喜歡這樣做的人可以把手腕擱在桌上就好。但是不可以讓手臂垂在一旁。

手肘伸得太直，會使自己更加緊張。請想像手中拿著雞蛋，輕輕握拳。

眼前沒有桌子時，請把手放在大腿根部的位置。這麼做會使腋下張開、手肘微彎，可擺脫緊張的困擾。不僅如此，由於抬頭挺胸的關係，看起來更有氣勢。

此外，請坐進椅子最深處。腰部緊貼椅背，可穩固身體。緊張的時候，會忍不住愈坐愈淺，這一點請多留意。

Check!

□ 穩固身體，稍微彎曲手腳能彎曲的部分，就是放輕鬆的訣竅。

求職面試成功的重點。

臉部朝正前方 大力點頭

・可讓自己放鬆。
・帶給對方爽朗有朝氣的印象。

坐進椅子深處

・身體穩固就不容易緊張。

眼前有桌子時，將手腕擱在桌子上，輕輕握拳

・把手抬起來較不容易緊張。

眼前沒有桌子時，把手放在大腿根部的位置

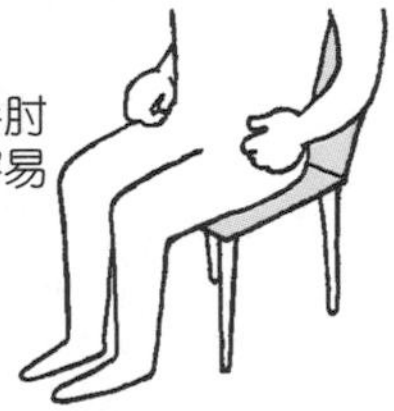

・張開腋下、手肘微彎，較不容易緊張。

抬頭挺胸

・顯得有氣勢。

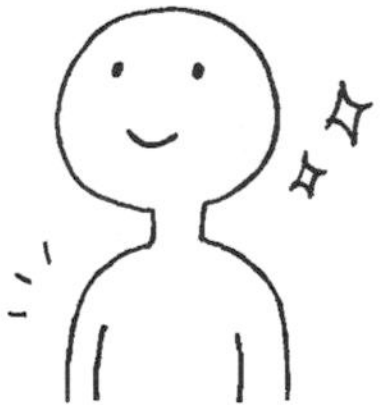

Part 4 總結
一對一說話不會緊張的訣竅

Point 1　說話時將手放在胸前。

保護胸脯的要害之處可穩定情緒，看起來也像在拚盡全力訴求，讓別人對你大有好感。

Point 2　把手擱在桌上，讓對方看到你的掌心。

相親聯誼時可以把手肘擱在桌上，求職時把手腕擱在桌上就好。這麼做不只能消除自己的緊張，也能令對方感到安心。

Point 3　適度點頭，可獲得對方的信賴。

相親聯誼時臉部要往前傾向一邊，求職時臉部要朝向正前方，並且大力點頭。適度點頭可讓自己放鬆，也能獲得對方的信賴。

Point 4　因為緊張而身體緊繃時，不妨使勁用力再一下子放鬆。

愈是刻意讓自己放輕鬆，就愈做不到。不如更用力使勁，反而容易放鬆，並且消除緊張。

Part 5

擊退引發緊張的不安與軟弱

36. 寫下讓自己感到不安的原因

從寫下一字一句、踏出一小步做起。

是你自己造成無謂的不安

究竟是什麼讓你感到不安呢?請試著面對造成不安的原因。

我曾在研討會上發起活動，請聽講的學生「寫下至今讓你感到不安的事物」。

於是，學生紛紛寫下以下內容：「突然被點名要求回答時，明明知道答案卻答不出來。因此感到不安，擔心會不會又答不出來。」「本來要在朝會上發表一分鐘的演說，結果太緊張，說得結結巴巴。因此感到不安，擔心會不會又丟人現眼。」

換句話說，你的不安幾乎都是由過往的失敗所引起。因爲有了那次的失敗經歷，所以自行想像，擔心未來會不會又遭遇同樣的失敗。

在此問各位一個問題。那次的失敗，是否造成難以挽回的嚴重悲劇？或者破壞了你的人際關係？雖說無法在一分鐘的演說裡好好發揮，但你的生活也沒有因此產生特別的變化吧？

也許你自認爲是一段難堪的回憶，可是其他人根本不在意，也不會特別問起，一下子就忘掉了。

用實際行動一雪前恥

「話雖如此，但我有緊張症狀。還是覺得很不安……。」沒關係，請繼續這麼想吧。

既然無法改變想法，應該可以試著採取積極的行動。

過去害怕丟臉而不敢暢所欲言的人，聽到其他人發表意見後，不妨試著立刻舉手表示贊同：「我也這麼想。」只需說一句就好，門檻並不是那麼高。

盡量不要推辭研討會或同學會、孩子在學校的家長會、朋友之間的酒聚等場合，不妨多參加。並且試著簡短地說一、兩句也好。

習慣這類場面之後，再慢慢增加發言量，按部就班慢慢進階。

多累積小小的成功體驗，積極採取行動一雪前恥，心裡的不安也會在不知不覺間煙消雲散。

Check!

□ 不要執著於過去的失敗，還未發生的不安只是妄想。

37. 客觀審視自己的方法

充分準備就能消除不安。

做好萬全準備

不論是簡報或演講，準備不夠充分就會感到不安，自己也愈來愈緊張；這是理所當然的。所以要做好萬全的準備。

我建議的做法是利用智慧型手機的錄影功能，自行錄下開頭的十分鐘。並在正式上場的前幾天，自己確認影片中的表現，如果覺得「這地方改一下比較好」，再加以修正。除非是極爲簡短的演講，想要從頭到尾錄下整場影片未免不切實際。只需錄下開頭的十分鐘就夠了。

另一個建議的做法是，站在鏡子面前五至十分鐘，練習開頭的部分。看著自己的臉說話，實際上比想像中更緊張，也會感到難爲情；但是能清楚了解說話的習性。

基本上，人一緊張時，臉部就會往左或往右抬，因爲只能動一邊，看起來難免不太自然。像是「哎呀，我的臉往左邊抬了。」或是「哇~我的嘴巴好怪……。」

這時候把手張開、舉高到臉部的位置，就能舒緩臉部到肩膀、手臂的肌肉，自己也較容易說話。如果在這種狀態下可以說話，接著把手放下來試試看。

說得不順暢時，再將手舉起來說話。還是不行的話，試著一邊做「萬歲」動作一邊說話。聲調與表情會因此變得明朗，一定能流暢地說話。

資料也要準備得萬無一失

資料也需仔細確認。像小抄或摘要、PowerPoint等資料，我都會在每一頁的角落寫下大致的時間點。

例如研討會如果在下午兩點開始，第一頁結束的時間點是兩點二十分，第二頁結束的時間點是兩點五十分。特別是注重時間分配的簡報，光是寫下預估的時間點就能輕鬆掌握進行步調，不必擔心無法在時間內講完。

此外，當天需要的電子檔案，我會事先送抵會場。一般人通常覺得帶自己的電腦就好，但有時候會無法接上。由於電腦常會出問題，請事先做好充分的準備。當天最好提前一小時進會場，給自己較充裕的時間。

Check!

☐ 緊張是缺乏自信的表現，透過練習建立信心就沒問題。

38. 訓練表情肌增加自信

表情若是豐富，心情也會變得積極樂觀。

■可做出「真．笑臉」的酸梅好酸訓練法

自拍或對著鏡子演練時，大多數人都會發現自己的表情很僵硬。這也是造成不安的一項因素。

擺出自然的笑容看似很簡單，實際做起非常困難，所以我建議各位可以抬起臉，看起來就像在笑。若是搭配訓練表情肌，效果更佳。

打造豐富表情的重點在於眼睛和嘴巴。最能有效鍛鍊眼睛和嘴巴的運動，就是「酸梅好酸訓練法」。也就是嘴巴說「酸梅好酸」（譯註：原文為

「梅干し酸っぱーい」，發音為「u-me-bo-shi-su-pa-i」），**緊閉雙眼再張大眼睛**。這樣做可鍛鍊眼睛與嘴邊的肌肉，請務必試試看。此外，上下左右轉動眼球，也是鍛鍊眼睛周圍肌肉的良好運動。

希望嘴角上揚的話，按壓臉頰左右兩側的穴位相當有效。位置就在上排牙齒與下排牙齒的咬合處，按壓時雖然會有點痛，不過，請用力壓下去，並將此處肌肉往上提。這就是活動臉部表情肌的中心穴位。

用力按壓穴位再一下子放鬆，是不是覺得臉部變得比較暖和？這樣做不但能按摩整個臉部，口齒也會比較清晰。

除此之外，希望各位務必對著鏡子做「笑臉訓練法」。**請多說幾次最後一個音節以「い」（i）結尾的詞語，例如「うれしい」**（u-re-shi-i，高興）、「楽しい」（ta-no-shi-i，快樂）、「気持ちいい」（ki-mo-chi-i，愉快）、「美しい」（u-tsu-ku-shi-i，美麗）等等。發出「い」的發音時嘴角會上揚，除了有助於打造自然的笑臉，這些正面的詞語也能讓自己變得積極樂觀。

邁開腿大步快走

表情增加自信後，接著來改變走路方式。你有看過自己平時走路的模樣嗎？若是低著頭有氣無力地走著，不僅看起來缺乏自信，實際上內心也會變得膽怯。

有自信的人會抬起頭、挺直背脊，邁開大步走路。而且走路的速度也相當快。如果你身邊有人充滿自信且精神飽滿，請仔細觀察他的行爲舉止。這樣的人走路時應該不會有氣無力。

改變行爲就在一念之間。讓自己的行爲看起來充滿自信，總有一天你也會自信滿滿。

Check!

□ 表情與走路姿勢若是充滿自信，再也無所畏懼。

消除不安，建立自信！

酸梅好酸訓練法

說「酸梅好酸」
（u-me-bo-shi-su-pa-i），
緊閉雙眼再張大眼睛。

轉眼球訓練法

上下左右轉動眼球。

嘴角上揚訓練法

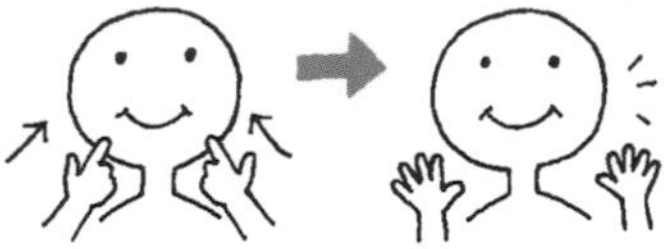

用力按壓穴位並往上提，
再立刻放開。

笑臉訓練法

うれしい！
（u-re-shi-i）
楽しい！
（ta-no-shi-i）

對著鏡子多說幾次「うれしい」、
「楽しい」這類以「い」結尾的詞語。

平時讓自己看起來充滿自信的訓練法

邁開大步走路。

39. 如果還是覺得快被壓力壓垮

誤導大腦就贏了。

■擺出勝利姿勢可去除軟弱

運動員若是寫下記錄或表現出眾，都會擺出勝利姿勢吧。這是象徵喜悅與成就感的動作。不管開不開心，我們平常也要多做這個動作。

這麼做可幫助自己揮別不安與怯懦，變得積極向前。

做的時候要說：「太好了！」「加油！」等話語，並且握拳舉到比手肘還高的位置。舉一隻手或兩隻手都沒關係。是不是覺得士氣高昂起來了呢？

習慣之後，請將拳頭舉到肩膀的位置，再試著高舉過頭頂，舉得愈高愈好。應該會覺得自己更有幹勁吧。

勝利姿勢是替自己加油打氣的動作。建議各位想要放鬆自己時，可張開手掌，需要蓄積力量時再握拳。

有的人每天對著鏡子練習兩分鐘勝利姿勢，不但增加自信變得開朗，相親聯誼也成功獲得青睞。只做勝利姿勢就有如此效果，沒有比這個簡單有效的方式更節省金錢與時間了。

藉助色彩的力量

必須進行重要的演講或簡報時，儘管做足了準備，仍是會感到強烈壓力而靜不下心來。

這時候不妨藉助「色彩的力量」。就連心理療法都有運用色彩振作身心的「色彩療法」，可見色彩的影響力有多大。

舉例來說，女性不妨穿著橙色的襯衫或裙子。因爲橙色具有舒緩緊張的效果，再加上色彩明亮，可讓自己情緒高漲。

不一定要穿在外面，也可以穿著橙色的內衣。拿著橙色的手帕、筆、名片盒等小東西也不錯。

建議男性可以看場合使用紅色或藍色的領帶。就色彩心理學而言，紅色是象徵熱情的色彩。因爲具有增加說服力的效果，做簡報或在外面跑業務時，不妨繫上紅色領帶。

另一方面，藍色是象徵包容與誠意的色彩。想要確實掌握對方的心時，可使用藍色領帶。

請配合當下的狀況、主題與自己的心情，選擇適合的色彩。

Check!

☐ 藉助「動作」與「色彩的力量」，把壓力甩到一邊。

甩開壓力，徹底發揮實力。

擺出勝利姿勢

反覆做勝利的姿勢，
可使自己情緒高昂、
樂觀積極。

藉助色彩的力量

女性用橙色一決勝負

具有緩解緊張、
振作心情的效果。

男性用領帶的顏色一決勝負

紅 ……需要展開熱情攻勢時。

藍 ……想要確實掌握對方的心時。

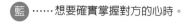

Part 5 總結
消除不安與軟弱的訣竅

Point 1　**寫下讓自己感到不安的事情。**

若是找到造成不安的原因，就能對症下藥。確認這種不安是不是自己的妄想。

Point 2　**以實際行動消除不安。**

心裡一直帶著負面想法也沒關係。可透過累積小小的成功體驗建立自信。

Point 3　**做好充分的準備。**

認爲自己已經盡力了的想法，可減輕心裡的不安。接下來唯有盡自己最大的努力。

Point 4　**藉由訓練表情肌建立自信。**

只要表情變得豐富，對任何事情都會充滿熱忱。

Part 6

徹底改變緊張體質

40. 把「算了，別計較」掛在嘴邊

內心從容不迫，就不會為了一點小事而緊張。

■把「兩大看開語錄」當成口頭禪

我們畢竟是人，多少會遇到拚命努力卻失敗的經驗。有的人不當一回事：「反正該做的都做了，算了，別計較。」有的人則是難以釋懷：「完蛋了。怎麼辦？好丟臉……。」

然而，已經發生的事情，再怎麼想不開也不會有任何改變。只會讓自己更加難受。這時候，不妨看開一點。

雖然說無法在大庭廣眾前順利演講，但又不是犯了法，也不會因此丟了性命。每個人都有不順遂的時候，若是能放下身段坦然接受：「算了，別計較。這種事情難免嘛。」心情會輕鬆許多。

「算了，別計較」、「船到橋頭自然直」，正是**擺脫緊張體質的「兩大看開語錄」**。懂得說這兩句話的人，就是無敵。就算遇到不開心的事情，他也能釋懷，隨即忘掉：「算了，別計較。他就是那種人嘛。」所以這樣的人不會焦躁。

內心從容不迫，就不容易緊張。

感覺自己快要受不了不安或緊張時，不妨說出來：

「船到橋頭自然直。」

遭遇挫折而感到沮喪，或者遇到不愉快的事情時，可以這麼說：

「算了，別計較。」

一定會覺得卸下了肩頭的重擔，鬆了一口氣吧。請務必把這兩句話當成口頭禪。

不說負面的話語

反過來說，**腦袋裡就算有負面的想法，也不要說出來**。就像一般常說語言裡寄宿著「言靈」（譯註：意指寄宿在語言中的靈性），語言實際上擁有極大的力量。

舉例來說，「要是失敗了怎麼辦？」這句話一旦說出口，失敗的印象就會成形，事情也真的一如所擔憂的發展。

即使感到不安，也要對自己說：「該做的都做了，船到橋頭自然直。」**「該做的都做了」**這句話，也是適合用來鼓勵自己的話語。

Check!

☐ 把樂觀積極的話語當成口頭禪，可讓自己放輕鬆。

41. 用誇大的肢體語言培養放鬆體質

敞開胸懷包容對方，可讓自己放輕鬆。

■ 大動作伸展身體，張開雙手

感覺最近有不少人都心浮氣躁的，之所以如此窘迫，與肢體語言太小也有關係。

爲什麼有愈來愈多人把身體縮成一團呢？思考其中的原因，與智慧型手機不無關連。盯著智慧型手機的人，個個都是腋下緊閉且低著頭。或許是這種姿勢成了習慣所造成的吧。

這樣會使身體變得僵硬緊繃，容易感到焦躁。

不要一直低著頭，抬頭看看天空，盡情伸展身體吧。如此一來，自然能轉念心想：「算了，別計較。」接著大幅伸展雙手。光是如此就能湧起積極向前的熱忱。

母親想要抱抱孩子時，都會向前伸開雙手吧？這種動作代表敞開胸懷包容對方，可讓自己與對方感到輕鬆自在。

平時請多留意，放大自己的肢體語言。若是封閉在小小的空間裡，永遠也擺脫不了緊張體質。

「有機可乘效果」可使人更放鬆

隨時提醒自己張開腋下。張開腋下可消除緊張。由於腋下之間形成了空隙，產生容易親近的感覺。我將它稱為「有機可乘效果」。

「有機可乘」這句話，意思是指「因為粗心大意，容易使人乘隙而入」。

不過，與人溝通交流時，有的人會把自己保護得無懈可擊，反而令人感覺難以親近，光是待在他身邊就覺得累。因此，稍微製造一點空隙，不但能讓自己與對方感到輕鬆自在，也有助於改善人際關係。

Check!
☐ 利用「誇大的肢體語言」與「有機可乘效果」讓自己放輕鬆。

42. 每天說十句讚美自己的好話

自我肯定感愈高，愈能擺脫緊張體質。

提高自我肯定感

當我在研修課程或研討會上提出建議：

「先數數今天發生的十件好事再去睡覺。」

學生們照例一臉爲難地說：「什麼？要十件？哪有那麼多啊。」不過，芝麻瑣事也無妨。

回頭想想，應該能數出十件左右吧？例如「今天一路上都是綠燈。」「今天天氣很好。」

各位設下的門檻太高了。如果不是特別令人驚喜的好事，就不把它當一回事。說著「我每天都好快樂，好開心！」的人，實際上對於「開心」的要求非常低。因爲不可能每天都中樂透。

數完發生的好事之後，下回找十件事稱讚自己。什麼？你說「一個也沒有」！不不，這是不可能的。

舉例來說，像是「有人問路，我告訴他了。」「我在電車上讓座給老人家。」這類就可以。發生的好事與稱讚自己做的好事，幾乎是同一件事。

如此一來，門檻會一下子下降，每天晚上想起當天發生的好事並稱讚自己，就會逐漸提高自我肯定感：「我算是很幸福吧。」「我每天都很努力啊。」

想像承受上天恩賜的模樣

數著好事時，不要只在腦袋裡想，要大幅張開雙手高高舉起，邊數邊說出來，更能增加自我肯定感。想像承受上天恩賜的模樣，將手掌朝向自己。

感覺也許有點詭異（笑），但是對於改善緊張體質十分有效。

這也是敞開胸懷的一種姿勢，可讓呼吸變深，感覺非常放鬆。順便祈禱也不錯：「希望我身邊所有人都幸福美滿！」

容易緊張的人往往自我肯定感較低。因爲對自己缺乏信心，才會感到慌亂不安。

請多相信自己。因爲你比自己所想的更有力量。

Check!

☐ 若是能養成自我肯定感高且快樂的體質，同樣能舒緩緊張。

從緊張體質轉變為快樂體質的習慣。

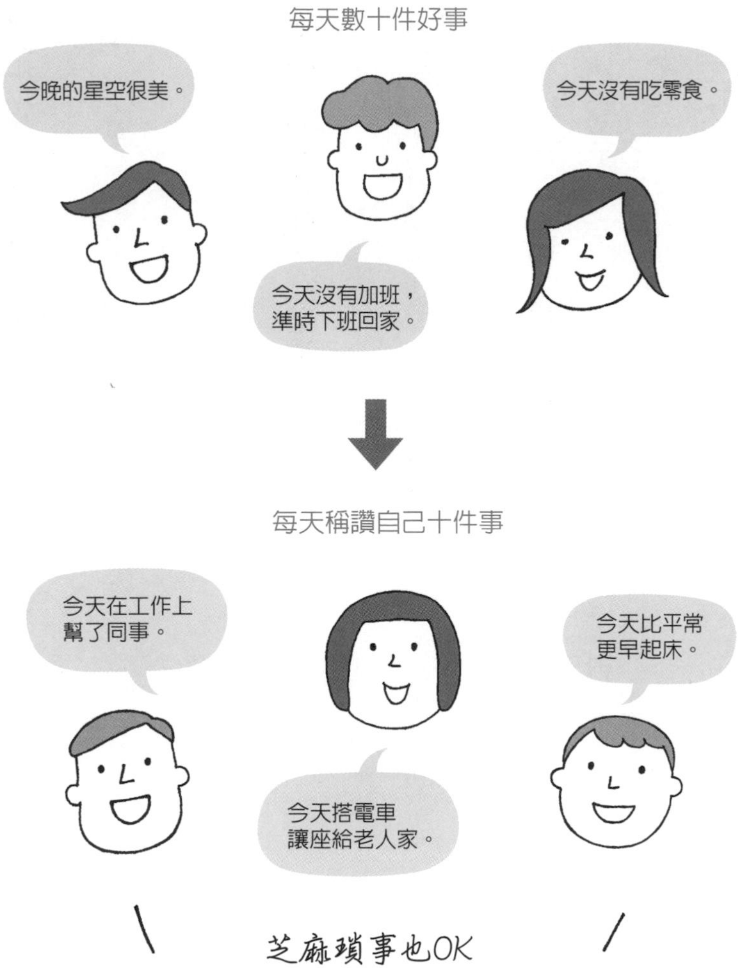
每天數十件好事
今晚的星空很美。
今天沒有吃零食。
今天沒有加班，準時下班回家。
每天稱讚自己十件事
今天在工作上幫了同事。
今天比平常更早起床。
今天搭電車讓座給老人家。
芝麻瑣事也OK

43. 達到目標一半以上的水準就算不錯

及格線降低一點，可讓自己鬆一口氣。

太過逞強會使人緊張

設定高遠的目標是好事。希望自己有所成長，才會激發向上心。但是，太過逞強會讓自己太累，也容易緊張。

我總是建議「達到目標的五至六成就夠了」。然而，其中有人想要做到一〇〇%，甚至二〇〇%。一旦如此，便不容許自己犯下一點錯誤，整個人繃得緊緊的。

事實上，我在研討會或演講開始前也是如此。心想著一定要好好表現，結果緊張得在演講前連飯也吃不下，結束後累得筋疲力盡，什麼事也做不了。

更糟糕的是，我開始一件一件檢討失敗的地方。哪裡說錯了、該說的忘了說、哪一段講得語無倫次……。

嚴重失落的日子持續了許久，我的身心再也承受不住。不過，有一天突然想開了：「算了吧，做自己就行了。把事情搞砸也是我的本色啊。」心情也逐漸感到輕鬆。

大膽**降低及格線**吧。如此一來，就能欣然接受這些瑣事，慢慢增加自信。例如：「今天說話沒有吃螺絲。」「雖然只有一個人笑了，但是也不錯。」

久而久之，便懂得思考如何讓自己在最愉快的氣氛下說話。這樣的心態也會感染第一次來聽講的聽眾，讓他們聽得盡興愉快。

先設定終點

「這本問題集做完了，這個月的目標就達成了！」還是學生時，光是這樣就值得擺出勝利姿勢。可是踏出社會後，卻找不到明確的終點。因為有太多目標等著達成。

因此，不妨先設定自己的終點，例如「做到這裡就算達標！」當然，要設定自己有足夠能力達成的終點線。

順利達到終點後，便能心安理得地說：「該做的都做了。」

Check!

☐ 多肯定努力的自己。

44.

利用日常習慣克服緊張症狀

仰著頭可使呼吸變深，並且消除雜念與緊張。

遇到討厭的事情不妨抬頭看看天空

遇到討厭的事或者感到不安時，請將腦袋放空，抬起頭來看著天空十至三十秒。待在室內時，就看著正上方的天花板。

這時候，眼睛睜開或閉上都無所謂，好好感受自己的呼吸。就這樣仰著頭深呼吸。

當千頭萬緒湧上來，想要歸零重整或放空時，人都會出於本能地仰起頭。

因爲仰著頭可以整理腦袋裡的思緒，放空自己。心裡的不安與焦躁也會逐漸淡去，湧起積極向前的熱忱：「好，加油吧！」最神奇的是，這時候只會想著正面的事情。

仰著頭是出於本能的正向動作，腦袋會在此刻誤以爲「心情變得樂觀積極了啊」，心中的煩悶頓時煙消雲散。

■ 洗澡時也要仰頭

淋浴洗澡時，也一定要仰著頭。就連洗頭髮也要仰著頭沖洗。

觀看國外的電影，會發現他們大多是仰著頭淋浴。請試著和他們一樣，仰著頭帥氣地淋浴。

內心遭受沉痛打擊時，請把頭與兩隻手臂搭在浴缸邊緣，仰著身子眺望天花板。

不可以垂頭喪氣坐在浴缸正中央或盤腿坐著。身體縮成一團會使心裡的傷更加深刻。

尤其是盤腿，千萬不要這樣做。這種動作會使自己難以擺脫負面想法，還得花一段時間才能從浴缸爬起來。

習慣仰頭之後，愈來愈不會陷入愁苦、焦躁、煩悶等負面的情緒，也不會被緊張壓垮。更不會爲了一點小事而情緒起伏。

Check!

□ 單純的事情持之以恆，必定會迎來重大改變。

45. 提高專注力，正式上場會更能發揮

透過自己的例行儀式與招牌動作提高專注力。

■ 設定能讓自己安心的例行儀式

因為緊張症狀而容易慌亂的你，實際上也有不緊張的時候。那就是集中心神時。

集中心神時不會去想其他事情，所以不會慌亂。既然如此，只要能在關鍵時刻集中心神，自然能發揮實力。因此，我建議各位設定自己的例行儀式。

例如鈴木一朗選手，總是以同樣的動作進入打擊區就定位。遵守例行儀

式可提高專注力，維持高水準的表現。除了鈴木一朗選手以外，許多運動員也都有自己的例行儀式。

你也試著設定自己的例行儀式吧。我在大庭廣眾面前說話時，總是會戴上同一副耳環。感覺一戴上這副耳環，自己就能順利說話。

講師群裡，有的人有五套一模一樣的西裝，每逢研討會，就像制服一樣穿在身上。據說他一穿上那套西裝，就能沉穩地滔滔不絕。這就是他的決勝服。

不少男性一定會在重要場合穿上紅內褲。總是繫同一條領帶的人也不在少數。

此外，就像有的人會在正式上場前喝咖啡一樣，也有人會堅持吃某種食物或飲料。只要能讓自己冷靜下來，什麼都可以。若是表現順利，下一次便能放心依樣畫葫蘆。

能提高專注力的招牌動作是什麼？

接下來爲各位介紹提高專注力的動作，搭配例行儀式可使效果加倍。也就是以身體爲軸心、雙手合十祈禱的姿勢。這時候請張開手肘、挺起胸膛。接受瀑布沖擊的「瀑布修行」也是採用這種姿勢。

一般在祈禱時，會稍微張開腋下、身體往前傾，但是這樣顯得不夠有力。基本上，向神明祈禱就是向自己祈願，具有表明決心的意思。因此，祈禱時盡量加大動作的幅度，更能集中心神。

每天以這樣的姿勢祈禱，就能鍛鍊出不畏壓力的堅強意志力。

Check!

☐ 專注做眼前應該做的事，就會忘了緊張的存在。

設定自己的例行儀式，面對每一次上場。

開啓專注力的開關

重要場合一定要穿戴同樣的首飾、
衣服和內衣一決勝負！

遇到重要日子，
早上一定要吃咖哩當必勝餐！

藉著祈禱的姿勢集中心神

Part 6 總結
擺脫緊張體質的訣竅

Point 1　把樂觀的話語當成口頭禪。

釋懷地想：「算了，別計較。」「船到橋頭自然直。」內心就能從容不迫，舒緩緊張。

Point 2　誇大肢體語言。

伸展身體會使心胸變得開闊，自己與對方也能感到輕鬆自在。

Point 3　降低門檻。

累積小小的成就感可提高自我肯定感，進而相信自己的能力。

Point 4　養成仰頭的習慣。

可減少陷入負面思考的情況，鍛鍊愈挫愈勇的堅強意志力。

Point 5　提高專注力。

設定自己的例行儀式，可像咒語一樣讓自己有安全感，並有助於提高專注力。

結語

妥善處理緊張情緒，讓你盡情展現實力！

感謝各位讀到最後。

本書從各種角度爲各位介紹消除緊張的方法。身體緊繃會導致內心緊張，因此，想要以輕鬆的心情面對大庭廣衆及演說，**最重要的就是先活動身體**。

不光是手腳的動作，若是能養成一些習慣，幫助嘴邊、眼角等部位配合演說內容做出生動的表情，便能在愉快的氣氛下與人互動交流，提高自己的溝通能力。

然而，我們不可能完全消除緊張，也沒必要這麼做。緊張是身體的防禦機制，當我們遭遇困難時，身體與心靈會暫時繃緊，藉此鼓舞自己「加油！」以便度過難關。

面對演講或簡報、會議、待客、洽商、初次會面、面試、比賽、求職活動、相親、聯誼、婚喪喜慶、家長會等重要場合會緊張，就是這個緣故。

緊張也能幫助我們集中心神或提高專注力，發揮一〇〇%甚至二〇〇%的力量。

因此，適度緊張有助於良好發揮。懂得妥善運用盟友，較容易在關鍵時刻展現實力。

人生在世，不可能完全擺脫緊張。

例如在商場上與人初次見面或投入新的工作項目，或是個人生活中受邀在家長會或婚喪喜慶上致詞，如果因爲緊張而婉拒這些場面，會使自己的活動範圍愈來愈狹小。再者，我們也不可能因爲緊張就不接受考試或拒絕簡報。

這世界不可能沒有緊張這回事，不如坦然面對它。一般常說，適度的壓力猶如人生的香料，同樣的，適度的緊張也能成爲良性刺激，促進身心活絡。

一旦能欣然接受緊張，便能在一決勝負的關鍵時刻完美表現。

但願能有更多人採用伊勢田流姿勢溝通法，每天過著笑容滿面的美好人生。

伊勢田幸永

VPJ0075

0.5秒治好緊張體質——雙腳張開、手舉高、抬頭深呼吸，45個輕鬆消除簡報、面談、會議開始前，雙腿發抖、手心冒汗的祕訣

作　者—伊勢田幸永（Iseda Yukie）
譯　者—莊雅琇
主　編—林潔欣
企　劃—許文薰
封面設計—比比司設計工作室
內頁排版—游淑萍

第五編輯部總監—梁芳春
董事長—趙政岷
出版者—時報文化出版企業股份有限公司
一〇八〇三臺北市和平西路三段二四〇號三樓
發行專線—（〇二）二三〇六—六八四二
讀者服務專線—〇八〇〇—二三一—七〇五
（〇二）二三〇四—七一〇三
讀者服務傳真—（〇二）二三〇四—六八五八
郵撥—一九三四四七二四時報文化出版公司
信箱—臺北郵政七九～九九信箱

時報悅讀網—http://www.readingtimes.com.tw
法律顧問—理律法律事務所 陳長文律師、李念祖律師
印　刷—盈昌印刷有限公司
初版一刷—二〇二〇年二月二十一日
定　價—新臺幣三二〇元
（缺頁或破損的書，請寄回更換）

時報文化出版公司成立於一九七五年，
並於一九九九年股票上櫃公開發行，於二〇〇八年脫離中時集團非屬旺中，
以「尊重智慧與創意的文化事業」為信念。

0.5 秒治好緊張體質：雙腳張開、手舉高、抬頭深呼吸，45 個輕鬆消除簡報、面談、會議開始前，雙腿發抖、手心冒汗的祕訣 / 伊勢田幸永著 ; 莊雅琇譯 . -- 一版 . -- 臺北市 : 時報文化 , 2020.02
面 ; 公分 . -
ISBN 978-957-13-6145-1（平裝）
1. 緊張 2. 情緒管理
176.54　　108022046

ISBN 978-957-13-6145-1
Printed in Taiwan